Judith Watschinger

BUCHSEITEN UPCYCLING

Mehr als 70 nachhaltige Bastelideen aus alten Büchern

CV

VORWORT

Hallo, liebe Bastelfreundin, hallo, lieber Bastelfreund!
Ich möchte dich ganz herzlich in diesem bunten Bastelbuch willkommen heißen. Es freut mich riesig, dass du es gerade in deinen Händen hältst und diese Zeilen liest. Wahrscheinlich liebst du es, genauso wie ich, zu basteln und kreativ zu sein. Das finde ich supertoll. Ich sage immer: Basteln ist wie zaubern können. Hast du als Bastelexpertin oder -experte vielleicht auch manchmal genau dieses magische Gefühl? Wunderbar, denn dann bist du in diesem zauberhaften und farbenfrohen Buch genau richtig.
Am liebsten bastle ich persönlich ganz einfache, unkomplizierte Sachen und verwende dabei Materialien, die meist schon zu Hause sind, wie z.B. Pappe, Eierkartons, Korken, Packpapier, Buchseiten etc., und tadaaaaaa: Im Handumdrehen werden daraus tolle (Kunst-)Werke! Wie bereits der Titel des Buches verrät, entstehen die Werke in diesem Bastelbuch alle aus Buchseiten. Alte Buchseiten, die mit etwas bunter Wasserfarbe einen neuen Glanz bekommen und sich hervorragend verbasteln lassen. Du kannst dabei entscheiden, welche Farben dir am besten gefallen, und mischen, malen, klecksen, beobachten und so manche „Wow, sind diese Farben schön!"-Momente erleben. Wenn du dann einige bunte Buchseiten auf Lager hast, kannst du durchstarten. Und dich so richtig mit diesem Buch austoben! Denn meiner Meinung nach steckt in jedem von uns eine Künstlerin bzw. ein Künstler. Genau aus diesem Grund verzichte ich bei meinen Bastelideen auf exakte Angaben. Starre Vorschriften, wie z.B. „Das Rechteck muss 3 cm lang und 2 cm breit sein!", findest du in diesem Buch – wie auch in meinen anderen Bastelbüchern – nicht. Für mich muss Basteln Spaß machen, unkompliziert sein und, sehr wichtig: Kreativität, Fantasie und deine eigenen Ideen zulassen. Ich möchte dich dazu mit meinen Ideen lediglich inspirieren und motivieren!
Und was sind nun die Ideen in diesem Bastelbuch? Also, es erwarten dich unter anderem: bunte Kärtchen, Geschenktüten, Girlanden und vieles mehr. Du kannst dir gar nicht vorstellen, wie herrlich farbenfroh mein Bastelzimmer aussah, als alle fertigen Arbeiten da auf dem Boden lagen. Meine Katze Roxy, die mich immer wieder dort besuchte, war wohl auch davon angetan, denn sie bewegte sich besonders behutsam, als sie zwischen den Werken durchbalancierte. 🙂 Meine persönlichen Lieblingsbasteleien aus all diesen Ideen finden sich am Ende des Buches, im „kunterbunten Kapitel der zig Möglichkeiten". Dort zeige ich dir nämlich, dass man manchmal sogar überhaupt nichts anderes braucht als NUR bunte Buchseiten, um wunderbare Bastelideen umzusetzen. Ganz schön cool, oder?
So, genug jetzt. Tauch ein in dieses farbenfrohe Bastelbuch, lass dich inspirieren, kleckse, kreiere, male, schneide, klebe und genieße dieses unglaublich gute Bastelgefühl! Ich hoffe, dass du ganz viel Freude mit diesem Bastelbuch hast!

Judith

INHALT

Bunte Kärtchen, Tüten und mehr

Jetzt wird dekoriert!

GRUNDAUSRÜSTUNG

Bei fast allen Ideen brauchst du immer wieder dieselben Hilfsmittel, welche du hier aufgelistet siehst. Diese solltest du immer griffbereit haben. Du findest sie in den „Das brauchen wir"-Bereichen unter dem Begriff „Grundausrüstung" angeführt. Wenn andere Hilfsmittel (wie z.B. Furniermesser, Heißklebepistole ...) zum Einsatz kommen, habe ich das extra angegeben.

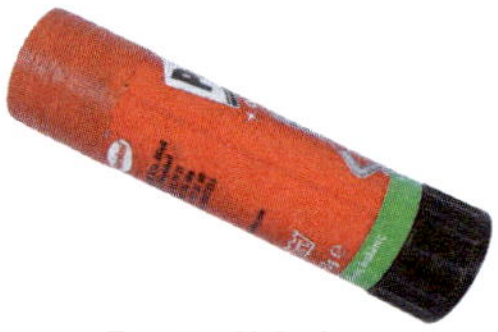

Bastelkleber

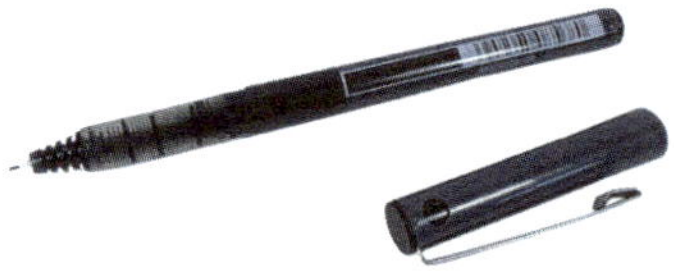

schwarzer Stift

Schere

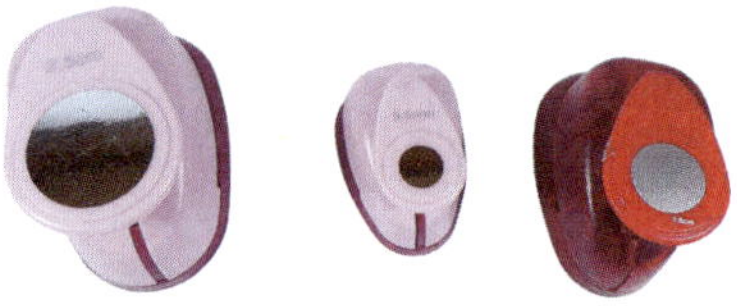

runde Motivstanzer in verschiedenen Größen

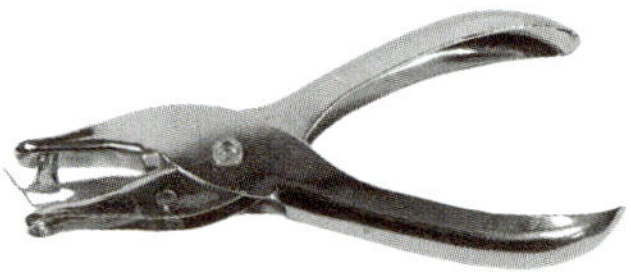

Locher

Klebestreifen

Wasserfarben, Malbecher mit Wasser und verschiedene Pinsel

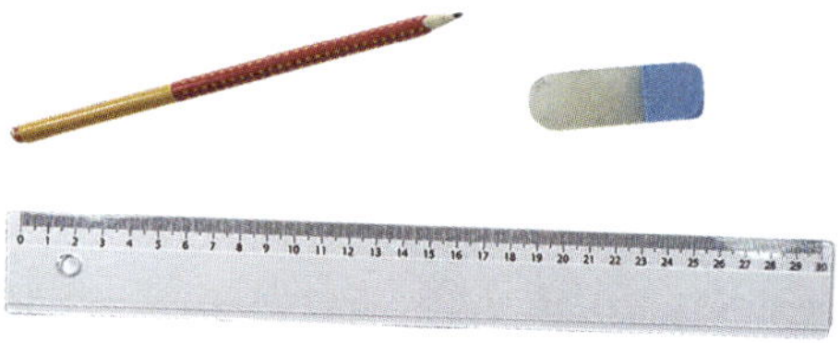

Bleistift, Radiergummi, Lineal

Buntstifte

BUNTE BUCHSEITEN & CO.

In diesem Buch dreht sich alles um Buchseiten, die mit Wasserfarben kunterbunt bemalt und dann in Bastelarbeiten wiederverwertet werden. Ich persönlich habe die einzelnen Buchseiten vorsichtig aus den alten Büchern gerissen, sie auf Zeitungen gelegt und dann mit Wasserfarben bunt auf einer Seite bemalt. Du kannst dabei entscheiden, welche Töne dir am besten gefallen, und sie pur auftragen, mischen, klecksen ... wie du magst. Am besten benutzt du dabei immer viel (sauberes!) Wasser, damit die Farben schön leuchten und tolle Aquarell-Effekte entstehen. Sobald die Buchseiten ganz trocken sind, kann direkt mit dem Basteln losgelegt werden.

Ich empfehle dir, gleich einige bunte Buchseiten auf Vorrat anzufertigen, damit du später bei der eigentlichen Bastelei nicht durch lästiges Herrichten und Wiederwegräumen der Malsachen gestört bist. Blättere dazu das Buch am besten durch, bevor du mit dem Basteln beginnst. In den „Das brauchen wir"-Kästen habe ich jeweils die benötigten Buchseitenfarben dazugeschrieben, so weißt du sofort, welche du benötigen wirst. Wenn du doch einmal eine Buchseite mit einer bestimmten Farbe brauchen solltest und du nicht lange warten möchtest, bis sie endlich trocken ist: GREIF ZUM FÖN!

Oft werde ich gefragt, woher ich alte Bücher für meine Projekte bekomme. Mein Tipp: Frag mal bei dir in der Bibliothek nach. Da wird immer wieder „ausgemistet" und viele Bücher werden entsorgt. Wenn du aber keine alten Bücher fürs Basteln hast, kannst du die Ideen natürlich auch mit bunt angemalten (alten) Zeitschriften- oder Magazinseiten, mit dem Computer beschriebenen Seiten oder gewöhnlichem Papier (egal ob bereits bunt oder mit Wasserfarben bemalt) realisieren.

Weitere Basteltipps

• Kulleraugen aus Plastik habe ich ganz aus meinem Bastelzimmer verbannt. Jetzt verwende ich am liebsten Papieraugen, die man ganz einfach selber basteln kann. Wie? Mit einem runden Motivstanzer einen Kreis aus weißem Papier ausstanzen (oder ausschneiden), mit einem schwarzen Stift die Pupille aufmalen, Augen ankleben, und fertig!

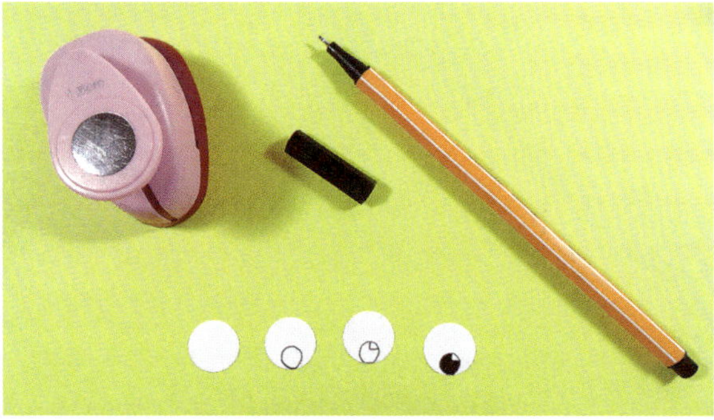

• Runde Motivstanzer zählen für mich schon länger zu meiner Grundausrüstung beim Basteln und erleichtern mir meine Arbeit sehr. Mit ihnen kann man hervorragend Kreise für Augen (siehe oben), Köpfe, Körperteile, Kreise für Muster und Verzierungen etc. ausstanzen. Es geht schnell, ist unkompliziert und bringt saubere Ergebnisse. Wenn du noch keine Stanzer hast, dann empfehle ich dir von Herzen, dir einige in unterschiedlichen Größen zuzulegen.

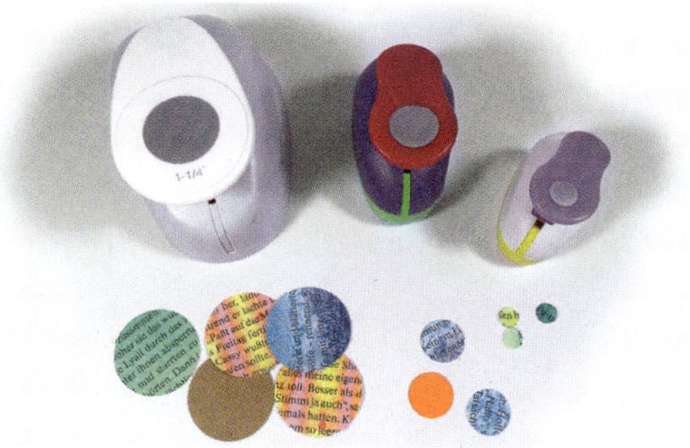

• Auch gewöhnliches Papier wird in diesem Buch immer wieder gebraucht. Ich selbst sammle die verschiedensten Papierreste in einer großen Schachtel. Wenn ich eine bestimmte Papierfarbe benötige, krame ich darin. Dann finde ich oft dünneres Papier, manchmal

Tonpapier, gelegentlich festen Karton – all das kann man weiterverarbeiten. Denn im Grunde ist es egal, welche Papierstärke du beim Basteln verwendest. Deshalb habe ich bei den „Das brauchen wir"-Kästen nur die Angabe „Papier" gemacht. Wenn mir persönlich ein Papier zu dünn und unstabil ist, nehme ich es doppelt oder klebe es zusätzlich auf Karton. Wenn du generell lieber mit Tonpapier bastelst, kannst du natürlich auch dieses benutzen.

• Ich liebe den Effekt von gerissenem Papier, wie du in diesem Bastelbuch oft sehen kannst. Oft staunen Menschen, wie ich das Reißen so gerade hinbekomme. Der Trick: ein Lineal auf die Faltlinie legen, fest andrücken und den abzureißenden Bereich vorsichtig abtrennen. Eine schöne und einfache Technik, die auch schon junge Bastler und Bastlerinnen hinbekommen.

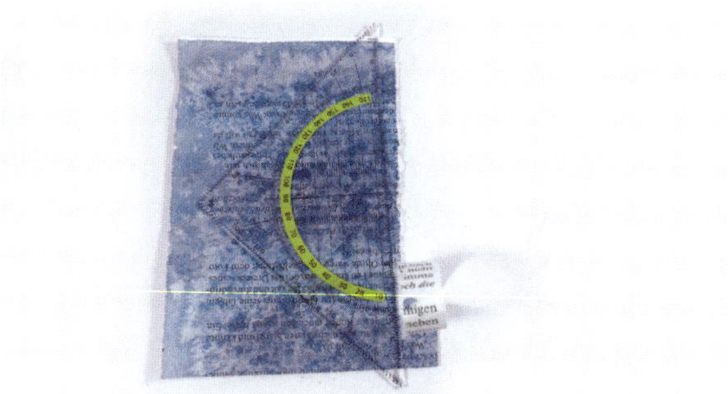

Für: Matilda
Paula Hofer
St. Veitweg 12c
39030 Gais
BZ - Italien
Alles Liebe!
Für dich.

BUNTE KÄRTCHEN, TÜTEN UND MEHR

Los geht's: Im ersten Kapitel zeige ich dir, wie man ganz einfach und im Nullkommanichts tolle Kärtchen herstellen kann, die sich hervorragend an Geschenken anbringen lassen. Fliegenpilze, süße Kätzchen, Waffeln mit Eiskugeln, Monsterchen etc., hier ist für jeden etwas dabei! Natürlich kannst du die Ideen für die Kärtchen auch wunderbar verwenden, um etwas größere Glückwunschkarten oder originelle Einladungen zu basteln. Neben den Kärtchen gibt es in diesem Kapitel noch Ideen für Geschenktüten und Briefumschläge. Auch farbenfrohe Frösche, die Nachrichten überbringen, kunterbunte Paradiesvögel aus Eierkartons und witzige Schafkuverts haben im Kapitel einen Platz ergattert. So, jetzt aber genug geplappert. Am besten blätterst du weiter und siehst selbst.

Für dich!
Alles Gute!
Für Mama

BIENCHEN & LIBELLEN

Summm, summ, summ, die süßen Bienchen und Libellen auf dieser Seite summen lustig umher und machen es sich dann auf kleinen Geschenkkärtchen bequem.

SO WIRD'S GEMACHT

1 Bereite die Buchseiten vor. Reiße aus dem weißen Papier mithilfe des Lineals ein beliebig großes Viereck zurecht. Klebe dieses auf die Pappe, schneide es mit etwas Randzugabe aus.

2 Schneide/stanze aus der gelben Buchseite einen Kreis als Bienenkörper aus. Aus der blauen Buchseite schneidest du zwei Flügelchen aus. Klebe die Teile auf dem weißen Papier zu einer Biene auf und zeichne ihr ein Gesichtchen, die Fühler sowie den Stachel auf.

3 Nimm das Lineal sowie einen schwarzen Stift und zeichne der Biene einige Streifen auf. Diese Streifen ziehst du mit einem schwarzen Buntstift nach. Eine Fluglinie mit vielen Kurven, die die Biene zurückgelegt hat, kannst du ebenfalls mit dem schwarzen Stift aufzeichnen.

DAS BRAUCHEN WIR

- Für die Bienchen: Buchseiten (gelb, blau), Papier (weiß), Pappe
- Grundausrüstung

TIPPS

- Natürlich kannst du auch mehrere kleine Bienchen und Libellen auf einem Kärtchen platzieren.
- Suche dir einen anderen passenden Hintergrund aus, vor dem sich die Tierchen wohlfühlen, und gestalte das weiße Papier und die Pappe dementsprechend.
- Mit diesen einfachen Bienchen und Libellen kannst du auch wunderbar Glückwunschkarten, Hefteinbände, Geschenktüten etc. verzieren.
- Du kannst in die Kärtchen ein Loch stanzen und ein Stück Juteschnur zum Aufhängen daran befestigen oder die Kärtchen mit etwas Klebestreifen oder einer kleinen Holzklammer an den Geschenken befestigen.

KREISLINGE

Der Pinguin und seine Freunde haben einen ewig weiten Weg auf sich genommen, um es hier in dieses Bastelbuch zu schaffen. Was soll ich sagen? Liebe Kreislinge, es ist mir eine Ehre, euch hier willkommen zu heißen. Ich bin mir sicher, dass ihr viele Kinderherzen höherschlagen lasst!

SO WIRD'S GEMACHT

1 Bereite die Buchseiten vor. Schneide/stanze aus der schwarzen Buchseite einen großen und aus der nicht bemalten Buchseite einen etwas kleineren Kreis aus. Aus der orangen Buchseite schneidest du für den Pinguin den Schnabel sowie die Füßchen aus. Schneide/stanze außerdem zwei Kreise für die Backen aus der roten Buchseite aus.

2 Schneide aus dem nicht bemalten Kreis oben ein kleines Dreieck aus. Klebe dann alle Papierteile an die richtigen Stellen und zeichne die Augen auf.

3 Stanze am oberen Rand des Anhängers ein Loch und befestige dort ein Stück Juteschnur zum Aufhängen.

DAS BRAUCHEN WIR

- Für den Pinguin: Buchseiten (schwarz, orange, rot, nicht bemalt), Juteschnur
- Grundausrüstung

TIPPS

- Wenn du möchtest, kannst du die Kreislinge zusätzlich auf Pappe oder Karton kleben, damit sie stabiler sind. Dann kannst du wunderbar auch etwas auf ihre Rückseite schreiben.
- Klebe die Kreislinge auf Schaschlikspieße, um niedliche Blumenstecker zu erhalten.
- Wenn du sie auf einen Pappstreifen klebst, bekommst du tolle Lesezeichen.

MIEZEKÄTZCHEN

Katzen sind meine persönlichen Lieblingstiere. Ich habe selbst eine graue, verschmuste „Stubentigerlady" namens Roxy zu Hause, die uns seit Jahren Gesellschaft leistet und viel Freude und Liebe in unser Leben bringt. Genau aus diesem Grund durfte in diesem Buch auf keinen Fall eine Katzenidee fehlen.

SO WIRD'S GEMACHT

1 Bereite die Buchseiten vor. Reiße aus dem weißen Papier mithilfe des Lineals ein beliebig großes Viereck zurecht und klebe es auf die Pappe. Schneide das Viereck aus und lasse dabei etwas Rand. Stanze mit dem Locher am oberen Rand ein Loch.

2 Schneide/stanze aus der Buchseite in der Farbe des Katzenfells einen etwas größeren Kreis für den Körper und einen kleineren für den Kopf aus. Fertige noch einen gleich großen Kreis aus einem beliebigen Karton an, um den Kopf zu verstärken. Zeichne der Katze ein freundliches Gesichtchen auf und bringe Ohren an.

3 Du kannst der Katze auch einige weiße Papierstückchen als Flecken aufkleben. Zeichne den Katzenschwanz auf und male ihn mit deinen Buntstiften an. Verziere das Kärtchen beliebig mit Pünktchen, Herzchen etc. Bitte anschließend eine erwachsene Person, mit dem Furniermesser eine Scheibe vom Korken abzuschneiden. Bringe die Korkenscheibe mit Kleber am Körper an. Gib etwas Kleber auf den Korken und drücke anschließend den Kopf darauf. Fädle zum Schluss noch ein Stück Juteschnur durch das Loch und mache eine Schleife.

DAS BRAUCHEN WIR

- Buchseiten (beliebig farbig für das Katzenfell), Papier (weiß), Pappe, Karton (beliebig farbig), Korken, Juteschnur
- Grundausrüstung + Furniermesser

TIPPS

- Die Katzen müssen nicht typische „Miezenfarben" haben. Was würdest du davon halten, kunterbunte Katzen in den verschiedensten Farben zu basteln?
- Natürlich kannst du den Schwanz auch aus der bunten Buchseite ausschneiden und aufkleben.
- Bringe die Kärtchen mit etwas Klebestreifen oder einer kleinen Holzklammer an den Geschenken an.

FLIEGENPILZE & FRIENDS

Du kennst bestimmt Fliegenpilze, oder? Im Wald kann man sie fast nicht übersehen, denn mit ihrer knallroten Farbe und ihren weißen Punkten leuchten sie regelrecht auf dem saftig grünen Waldboden. Essen können wir sie leider nicht, aber ihnen wird nachgesagt, dass sie als Symbol Glück bringen. Eine gute Portion Glück tut uns allen gut, oder was meinst du?

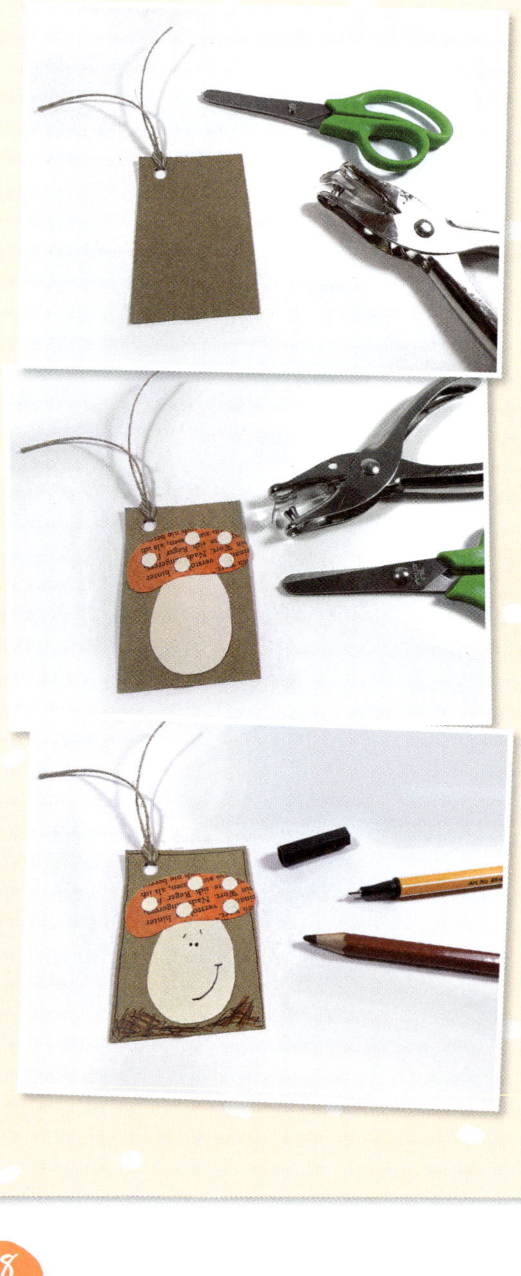

SO WIRD'S GEMACHT

1 Bereite die Buchseiten vor. Schneide aus der Pappe ein beliebiges Viereck aus. Stanze am oberen Rand ein Loch und befestige daran ein Stück Juteschnur.

2 Aus der roten Buchseite schneidest du die Kappe vom Pilz aus. Von der nicht bemalten Buchseite (am besten dort vom Rand) schneidest du den Pilzstiel aus. Klebe beide Papierteile auf die Pappe und verziere die Kappe mit beigen Punkten, die du aus der nicht bemalten Buchseite ausstanzt.

3 Zeichne nun dem Fliegenpilz ein nettes Gesichtchen auf. Verziere den Rand der Pappe beliebig: Du kannst ihn z.B. mit dem schwarzen Stift nachziehen oder Baumnadeln als Boden auf den unteren Rand zeichnen und diese mit einem braunen Stift umranden.

DAS BRAUCHEN WIR

- Für die Fliegenpilze: Buchseiten (rot, nicht bemalt), Pappe, Juteschnur
- Grundausrüstung

TIPPS

- Die Geschenkkärtchen lassen sich hervorragend auch mit Glückskäfern oder Vierblättrigem Klee (dafür vier ungefähr gleich große grüne Herzchen ausschneiden und diese so aufkleben, dass sich ihre Spitzen berühren) verzieren.
- Ausgestanzte oder aufgemalte rote Backen und Sommersprossen lassen deine Fliegenpilze besonders lustig aussehen.
- Vielleicht hast du ja Lust, deinen Fliegenpilzen unterschiedliche Gesichtsausdrücke zu verpassen? Spiele dafür mit den Mündern und den Augenbrauen.

ZEICHLINGE

Bei dieser Idee musst du deine Zeichenkünste auspacken und eine zu beschenkende Person so gut wie möglich nachzeichnen. Du wirst sehen, wie diese schmunzeln wird, wenn sie sich das Kärtchen genauer anschaut.

SO WIRD'S GEMACHT

1 Bereite die Buchseiten vor. Nimm eine bunte Buchseite und reiße mithilfe des Lineals ein beliebig großes Rechteck zurecht. Klebe dieses dann auf ein Stück Pappe, schneide das Rechteck aus und lasse dabei etwas Rand.

2 Nimm wiederum das Lineal und reiße mit dessen Hilfe ein etwas kleineres Rechteck zurecht. Zeichne darauf die zu beschenkende Person mit einem schwarzen Stift und male sie mit Buntstiften an. Klebe die Zeichnung auf das Rechteck auf.

3 Schreibe den Namen der zu beschenkenden Person auf ein Stück Papier und bringe es ebenfalls mit Kleber am Kärtchen an.

DAS BRAUCHEN WIR

- Buchseiten (bunt), Papier (weiß), Pappe
- Grundausrüstung

TIPPS

- Natürlich kannst du Hintergründe und Ränder der Kärtchen beliebig mit Papierstückchen oder deinen Buntstiften/Filzstiften verzieren.
- Du kannst die gezeichnete Person auch ausschneiden und direkt auf die bunte Buchseite kleben.
- Die Zeichlinge bieten sich hervorragend für persönliche Glückwunschkarten zum Geburtstag oder anderen besonderen Anlässen (z.B. Muttertag, Vatertag, Valentinstag ...) an.
- Du kannst in die Kärtchen auch ein Loch stanzen und ein Stück Juteschnur zum Aufhängen daran befestigen oder die Kärtchen mit etwas Klebestreifen oder einer kleinen Holzklammer an Geschenken befestigen.

QUALLEN

Bitte die Ruhe bewahren! Diese Quallen hier brennen nicht, wenn man sie berührt. Du kannst sie gerne mal streicheln und dich davon überzeugen. Wenn du das jetzt gemacht hast, hast du keinen Brenner abbekommen, oder? Dann also nichts wie los! Die Quallen warten schon ganz ungeduldig, von dir nachgebastelt zu werden.

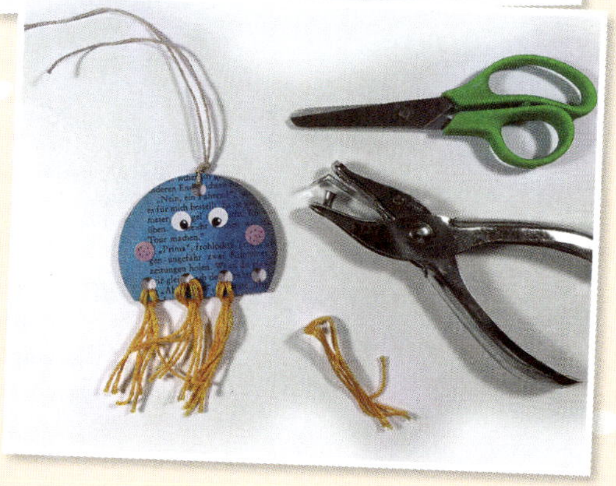

SO WIRD'S GEMACHT

1 Bereite die Buchseiten vor. Schneide/stanze aus einer bunten Buchseite und aus der Pappe je einen gleich großen Kreis aus. Klebe die beiden Kreise aufeinander.

2 Schneide den unteren Teil des Doppelkreises ab. Fertige zwei Papieraugen (siehe „Weitere Basteltipps", Seite 8) an sowie zwei bunte Backen und klebe sie auf.

3 Stanze am unteren Rand des abgeschnittenen Kreises einige Löcher. Schneide mehrere gleich lange Garnstücke ab und fädle sie als Tentakel durch die Löcher. Bringe zum Schluss ein Stück Juteschnur zum Aufhängen am oberen Rand der Qualle an.

DAS BRAUCHEN WIR

- Buchseiten (bunt), Papier (weiß), Pappe, buntes Garn, Juteschnur
- Grundausrüstung

TIPPS

- Mit diesen Quallen kannst du langweiligen Geschenken das gewisse Etwas verpassen und den zu Beschenkenden auf originelle Weise kleine Botschaften (egal ob zusammengerollt, zusammengefaltet und mit einer kleinen Klammer angebracht, auf die Rückseite der Qualle geschrieben etc.) überbringen.
- Natürlich eignen sich die Quallen auch als niedliche Dekorationen für eure Wohnungen. Du könntest sie z.B. wie die Fische (siehe Seite 74) mit etwas Blumendraht an einem Stein befestigen und so eure Wohnung bunt dekorieren.

PARTYMONSTER

Oh, oh, oh! Diese Gesellen hier sind mal in richtiger Partylaune! Schnapp dir die benötigten Bastelmaterialien und bastle selbst diese monsterhaften Partybesucher, die immer gute Laune mit sich bringen.

SO WIRD'S GEMACHT

1 Bereite die Buchseiten vor. Schneide aus der Pappe ein beliebiges Viereck aus. Reiße aus einer bunten Buchseite einen Monsterkörper zurecht und schneide aus einer (andersfarbigen) Buchseite ein Dreieck für ein Partyhütchen aus. Fertige einen weißen Kreis für das Papierauge an und klebe die Papierteile als Monster auf das Pappviereck.

2 Vervollständige das Auge mit einer Pupille. Zeichne dem Monsterchen einen Mund und eine struppige Frisur auf. Ein gefährlicher weißer Zahn darf auf keinen Fall fehlen, schneide dafür ein weißes Papierdreieck aus und klebe es auf. Gestalte das Partyhütchen beliebig, z. B. mit ausgestanzten Buchseitenkreisen.

3 Zeichne zum Schluss noch Ärmchen und Beinchen auf und verpasse dem Monsterchen ausgestanzte bunte Backen. Verziere das Kärtchen nach Lust und Laune mit kleinen Zeichnungen, Mustern, bunten Papierteilen, Glückwünschen etc.

DAS BRAUCHEN WIR

- Buchseiten (bunt), Papier (weiß, beliebig farbig), Pappe
- Grundausrüstung

TIPPS

- Diese Bastelei eignet sich auch hervorragend dazu, farbenfrohe Glückwunschkarten oder Geburtstagseinladungen zu gestalten. Für deine Geburtstagsparty könntest du mit den Monsterchen außerdem die Tischkärtchen verzieren.
- Du kannst in die Kärtchen ein Loch stanzen und ein Stück Juteschnur zum Aufhängen daran befestigen oder die Kärtchen mit etwas Klebestreifen oder einer kleinen Holzklammer an Geschenken befestigen.

SÜßE KÄRTCHEN

Das Wort „gelato" kommt aus dem Italienischen und bedeutet „Eis". Diese Pappeiswaffeln hier haben Gesellschaft von ganz witzigen Muffins und Bonbons bekommen. Welchen Geschmack die wohl jeweils haben?

SO WIRD'S GEMACHT

1 Bereite die Buchseiten vor. Schneide aus der Pappe ein lang gezogenes Dreieck aus, das einer Eiswaffel ähnlich sieht.

2 Schneide/stanze aus den Buchseiten mehrere verschiedenfarbige Kreise aus und klebe sie von hinten auf die Pappeiswaffel. Zeichne der Eiswaffel ein lustiges Gesichtchen auf. Mit einem braunen Buntstift zeichnest du die Eiswaffelstruktur leicht auf und zeichnest sie anschließend mit dem Stift nach.

3 Bestreiche den oberen Rand der Eiswaffel mit flüssigem Bastelkleber und streue etwas Sand darüber. Warte, bis der Kleber trocken ist.

DAS BRAUCHEN WIR

- Für die Eiswaffeln: Buchseiten (bunt), Pappe, Sand
- Grundausrüstung + flüssigen Bastelkleber

TIPPS

- Wenn du für die Eiswaffeln keinen Sand zur Verfügung hast, könntest du den oberen Rand auch mit kleinen hellbraunen, zurechtgerissenen oder zusammengeknüllten Papierstückchen verzieren.
- Bringe ein kleines Stück Juteschnur an den Süßigkeiten an, wenn du sie an ein Geschenk hängen möchtest. Ansonsten kannst du sie ebenso gut mit einer kleinen Holzklammer daran befestigen.
- Toll sehen die Süßigkeiten auch aus, wenn du sie zusätzlich noch auf ein Stück Pappe oder eine nicht bemalte Buchseite klebst.

MONSTERTÜTEN

Wenn du ganz mutig bist, kannst du es wagen, einen kurzen, vorsichtigen Blick auf die rechte Seite zu werfen. Hier haben sich nämlich einige schaurige Monster versammelt. Du wunderst dich vielleicht, warum diese schaurigen Wesen so grinsen? Na ja, sie lieben es, wenn nette Kinder sie etwas genauer betrachten.

SO WIRD'S GEMACHT

1 Bereite die Buchseiten vor. Nimm eine bunte Buchseite und falte sie zu einer Tüte. Befestige die umgefalteten Ränder mit etwas Klebestreifen.

2 Fertige zwei Papieraugen (siehe „Weitere Basteltipps", Seite 8) an und klebe sie auf die Vorderseite der Tüte. Zeichne deinem Monster einen Mund auf. Du kannst ihm auch noch ausgestanzte bunte Backen verpassen.

3 Auf die Backen kannst du Sommersprossen oder Spiralen zeichnen und aus dem Mund lässt du am besten mehrere spitze Zähne, ausgeschnitten aus dem weißen Papier, schauen. Zum Schluss gestaltest du für dein Monster noch eine Frisur, indem du mehrere Juteschnur- oder Garnstückchen zusammenknotest und festklebst.

DAS BRAUCHEN WIR

- Buchseiten (bunt), Papier (weiß), Juteschnur/Garn
- Grundausrüstung

TIPPS

- Die Monstertüten bieten sich an, kleine Briefe oder Überraschungen darin zu verstecken und jemanden damit zu überraschen. Welch ein schauriges Vergnügen!
- Vielleicht steht ja dein Geburtstag an und du hast noch keine Idee, wie du die Geburtstagseinladungen gestalten könntest? Schreibe alle wichtigen Informationen zu deiner Party auf kleine Papiervierecke, falte diese zusammen und stecke sie in die Monstertüten. Die Gäste werden sich bestimmt über diese originellen Einladungen freuen.

BUNTE GESCHENKTÜTEN

Bunte Kreise, in den unterschiedlichsten Größen und Farben, kannst du wunderbar dazu verwenden, schnell und unkompliziert selbst gemachte Geschenktüten zu verzieren. Wie du die Kreise dabei anordnest, ist ganz dir überlassen. Erlaubt ist, was dir gefällt. Auf die bunten Kreise, fertig, los!

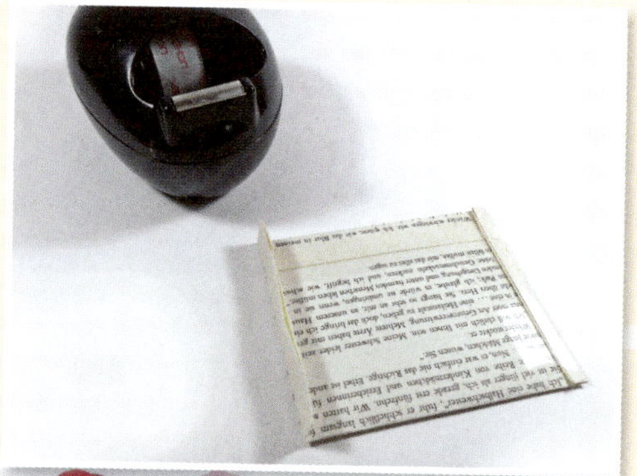

SO WIRD'S GEMACHT

1 Bereite die Buchseiten vor. Nimm die nicht bemalte Buchseite und falte daraus eine einfache Tüte. Befestige die umgefalteten Ränder mit etwas Klebestreifen.

2 Schneide/stanze aus den bunten Buchseiten unterschiedlich große Kreise aus und verziere mit diesen die Tüte. Überlege dir dafür bestimmte Muster. Du kannst die Kreise z.B. der Größe nach aufkleben, mit ihnen Blumen formen, sie nebeneinanderkleben etc.

3 Fülle die Tüte beliebig. Biege den oberen Rand etwas nach unten, stanze zwei Löcher hinein, fädle ein Stück Juteschnur durch und binde eine Schleife. Fertig!

DAS BRAUCHEN WIR

- Buchseiten (bunt, nicht bemalt), Juteschnur
- Grundausrüstung

TIPPS

- Überlege dir weitere unterschiedliche Muster und Verzierungen mit den Kreisen. Natürlich kannst du die Tüten auch mit anderen Formen und Motiven (z.B. Tieren, Früchten ...) aus Buchseiten verzieren.
- Ich liebe es, bunte Kreise auch auf in Packpapier gewickelte Geschenke zu kleben. Supereinfach und schnell kann man so Geschenken das gewisse Etwas geben.

HÄUSCHEN

Liebst du es auch, deiner Familie und Freunden immer wieder mit Geschenkchen eine Freude zu bereiten? Wunderbar! Diese Häuschentüten sind ideal, um kleine Aufmerksamkeiten originell und mal etwas anders zu verpacken.

SO WIRD'S GEMACHT

1 Bereite die Buchseiten vor. Nimm eine Buchseite, falte sie zu einer Tüte und befestige die umgefalteten Ränder mit Klebestreifen. Drehe die Tüte um, sodass die Klebestreifen auf der Rückseite sind.

2 Schneide aus der Pappe eine Tür und aus einer Buchseite ein Fenster für ein Häuschen aus. Klebe beide Teile auf die Vorderseite der Tüte. Zeichne die Hausdetails mit einem schwarzen Stift auf.

3 Fertige für dein Häuschen ein Dach mit Schornstein aus Pappe an und befestige es am oberen Rand der Tüte. Schneide eine kleine Buchseitenwolke aus, die du als Rauch am Schornstein befestigst. Das Dach kannst du noch z.B. mit kleinen Papierpunkten verzieren. Stanze am oberen Rand des Häuschens ein Loch, um dort ein kleines Grußkärtchen sowie ein Stück Juteschnur zum Aufhängen anzubringen.

DAS BRAUCHEN WIR

- Buchseiten (bunt), Pappe, Juteschnur
- Grundausrüstung

TIPP

- Buchseitenhäuschen können auch als stylische Türschilder verwendet werden. Schreibe euren Familiennamen auf ein Stück Papier und bringe ihn an deinem gebastelten Häuschen an. Vielleicht hast du ja Lust, dazu noch deine Familie zu zeichnen und auf das Häuschen zu kleben. Am besten klebst du die Buchseite zusätzlich auf Pappe, damit das Häuschen stabil ist.

WOLLPULLIBÄREN

Diese beiden Bären hier scheinen etwas zu frieren, weil sie sich ihre dicken Wollpullis von ihren kuscheligen Höhlen geholt haben. Vielleicht weht auf dieser Doppelseite ein furchtbar kalter Wind, den wir Menschen nicht wahrnehmen können und der die Bären regelrecht zum Zittern bringt? Wer weiß. Gut, dass sie so wunderbar warme Wollpullis haben.

SO WIRD'S GEMACHT

1 Bereite die Buchseiten vor. Lege die Papiertüte vor dich hin. Reiße die Buchseiten in lange Streifen und klebe sie, vom Boden der Papiertüte startend, quer und dicht aneinanderliegend auf. Lasse den oberen Bereich der Tüte frei.

2 Schneide aus dem weißen Papier die Schnauze für einen Bären aus. Bringe eine schwarze Papiernase an, zeichne den Mund auf und bringe die Schnauze an der Papiertüte an. Zeichne zwei Augen auf und verpasse dem Bären ausgestanzte rosafarbene Backen. Aus dem hellbraunen Papier und der nicht bemalten Buchseite fertigst du die Ohren an und klebst sie ebenfalls auf die Tüte.

3 Nun kannst du den farbenfrohen Wollpulli des Bären noch beliebig, z.B. mit kleinen aufgemalten Mustern, verzieren.

DAS BRAUCHEN WIR

- Buchseiten (bunt, nicht bemalt), Papier (weiß, schwarz, rosarot, hellbraun), Papiertüte
- Grundausrüstung

TIPPS

- Wenn auf deiner Papiertasche Schrift ist, kannst du sie mit kleinen hellbraunen Packpapierstückchen überkleben und dann mit Schritt 1 starten.
- Du kannst natürlich auch eine einfache Tüte falten und diese in einen Wollpullibären verwandeln.
- Wollpullibären sind toll, um Geschenke zu verpacken, da diese Tüten ohne Probleme wiederverwendet werden können.

SCHAFKUVERTS

Normalerweise trifft man Schafe auf der Weide oder in einem Stall an. Diese drei lustigen sind wohl ausgebüxt, schnell über Stock und Stein gelaufen und mit einem großen Sprung in das Bastelbuch gesprungen, wo sie sich jetzt gemütlich auf diesen kunterbunten Kuverts ausruhen können. Ob sie die anderen Schafe wohl nicht vermissen?

SO WIRD'S GEMACHT

1 Bereite die Buchseiten vor. Falte die bunte Buchseite zu einem Briefumschlag und befestige die Ränder mit Klebestreifen. Oben musst du natürlich offen lassen, damit später noch der Brief oder die Glückwunschkarte hineingesteckt werden kann.

2 Schneide/stanze aus der beliebig farbigen Buchseite für das Schafsfell mehrere Kreise in zwei unterschiedlichen Größen aus. Aus dem hellbraunen Papier schneidest du den Kopf sowie die beiden Ohren für das Schaf aus. Zeichne das Gesicht auf. Nun klebst du zuerst die größeren Kreise als Oberkörper auf ein weißes Blatt Papier. Dann werden der Kopf und die beiden Ohren sowie eine wuschelige Frisur (aus den kleinen Buchseitenkreisen) aufgeklebt.

3 Schneide anschließend das Schaf aus und klebe es unten links auf das Kuvert. Aus dem beigen Papier kannst du noch weitere Kreise anfertigen und diese als einzelne Löckchen (einfach eine Spirale daraufzeichnen) aufkleben. Schreibe die Adresse des Empfängers auf ein Stück Papier und bringe sie an. Nun musst du das Kuvert nur mehr füllen und abschicken.

DAS BRAUCHEN WIR

- Buchseiten (bunt, beliebig farbig für das Schafsfell), Papier (hellbraun, weiß, beige)
- Grundausrüstung

TIPPS

- Am besten schneidest du das weiße Blatt, auf welches das Schaf geklebt wird, etwas kürzer als die Kuvertbreite zu, damit das Schaf sicher auf dem Kuvert Platz hat.
- Diese Schafe machen sich auch sehr gut auf Geschenkanhängern, Glückwunschkarten, Geschenktüten, Lesezeichen etc.

EIERKARTONTIERE

Langweilige Eierkartons aus Pappe können mit bunt angemalten Buchseiten im Nullkommanichts in wunderschöne tierische Geschenkboxen verwandelt werden. Wer würde sich nicht über eine solche farbenfrohe Überraschung freuen?

SO WIRD'S GEMACHT

1 Bereite die Buchseiten vor. Reiße die Buchseiten in kleine Stücke und überklebe damit beliebig den Eierkarton.

2 Fertige zwei Papieraugen (siehe „Weitere Basteltipps", Seite 8) an und bringe sie an. Besonders schön leuchten sie, wenn du sie auf eine bunte Augenumrandung klebst. Reiße aus den Buchseiten einige federartige Formen zurecht, zeichne die Federkonturen auf und bringe sie oben am Paradiesvogel an.

3 Fertige einen orangefarbenen Papierschnabel sowie zwei Papierfüßchen an und klebe sie auf. Für die Füßchen habe ich persönlich einen sternförmigen Motivstanzer benutzt, aber natürlich geht es auch ohne. Schneide zum Schluss noch aus der Pappe zwei Flügel aus und klebe sie ebenfalls auf.

DAS BRAUCHEN WIR

- Für den Paradiesvogel: Buchseiten (bunt), Papier (weiß, orange), Pappe, Eierkarton aus Pappe
- Grundausrüstung

TIPPS

- Du kannst die Eierkartontiere hervorragend mit kleinen Geschenken, Süßigkeiten etc. füllen und jemandem überreichen.
- Natürlich müssen es nicht unbedingt Paradiesvögel, Chamäleons und Fische sein. Vielleicht möchtest du ja eine Kaninchenbox für Ostern, eine Rentierbox für Weihnachten oder eine Katzenbox für einen Geburtstag basteln? Alles, was dir gefällt, ist erlaubt.
- Du kannst die Deckel des Eierkartons auch abtrennen, ein Stück Juteschnur anbringen und sie als witzige 3-D-Porträts an die Wand hängen.

FRÖSCHEPOST

Die Frösche hier sind nicht normale „Quaker". Es sind Frösche, die eine ganz besondere Aufgabe haben. Sie sind stolze Mitarbeiter der Fröschepost, die wichtige Informationen, liebe Briefe, Einladungen und, und, und zuverlässig an andere Menschen überbringen. Na dann, ihr lieben Frösche, wünschen wir gute Arbeit!

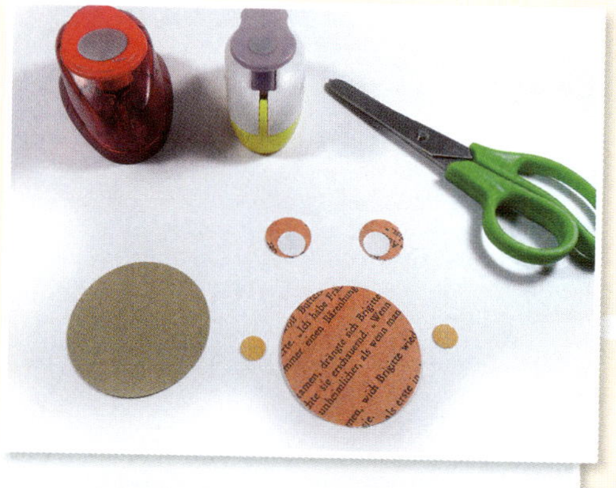

SO WIRD'S GEMACHT

1 Bereite die Buchseiten vor. Schneide/stanze aus einer bunten Buchseite sowie aus der Pappe zwei gleich große Kreise für den Froschkopf aus. Schneide/stanze aus weiteren Buchseiten zwei kleinere Kreise für die Augen sowie aus dem weißen Papier zwei noch etwas kleinere Kreise für die Augen aus. Fertige zudem zwei bunte Buchseitenkreise für die Backen an.

2 Bringe Augen und Backen an den richtigen Stellen auf dem großen Buchseitenkreis für den Froschkopf an. Den Pappkreis befestigst du hinten am Froschkopf, damit dieser stabiler ist. Zeichne die Augen und den Mund auf. Auf die Backen kannst du einige Sommersprossen zeichnen.

3 Klebe den Froschkopf anschließend auf den oberen Bereich der Holzklammer.

DAS BRAUCHEN WIR

- Buchseiten (bunt), Papier (weiß), Pappe, Holzklammer
- Grundausrüstung

TIPPS

- Die Frösche lassen sich wunderbar auf nette Glückwunschkarten, Briefe oder Einladungen klammern und verschenken.
- Du kannst mit den Fröschen auch eine Fotoschnur gestalten und dort schöne Erinnerungsfotos präsentieren.

JETZT WIRD DEKORIERT!

„Zu Hause" ist meiner Meinung nach ein ganz besonderer Ort. Ein Ort, mit dem wir oft bestimmte Gefühle, Gerüche und Personen verbinden. Ein Ort, den wir meist in- und auswendig kennen. Ein Ort, an dem wir uns wohlfühlen und es uns gemütlich machen. Mit einigen kleinen Dekorationen kann man sein Zuhause noch schöner und ... na ja ... etwas bunter machen. Hier im zweiten Kapitel dreht sich alles um kunterbunte Dekorationen, die sich bestimmt in allen Wohnungen, aber auch Kindergärten, Schulklassen, Gruppenräumen, Eingangsbereichen etc. wunderbar machen. Auf den nächsten Seiten findest du hübsche Wanddekors, farbenfrohe Girlanden und so manche tierisch coole Dekoration. Lass dich überraschen – und los geht's!

ICH-BILDER

Ist es nicht immer besonders spannend, wie sich jemand selbst zeichnet? „Ich-Zeichnungen“ finde ich wunderbar, und genau diese stehen bei dieser Bastelidee im Mittelpunkt. Eure Wohnungswände haben bestimmt nichts gegen einige pfiffige Selbstporträts vor kunterbunten Hintergründen.

SO WIRD'S GEMACHT

1 Bereite die Buchseiten vor. Nimm das weiße Papier und zeichne dich darauf selbst. Am besten verwendest du dafür einen schwarzen, dünnen Stift. Male dich anschließend mit Buntstiften an und schneide dann dein Selbstporträt aus. Du kannst dabei gerne etwas weißen Rand lassen.

2 Reiße mithilfe des Lineals eine Buchseite auf allen vier Seiten zurecht und klebe die „Ich-Zeichnung“ darauf.

3 Klebe nun die ausgerissene Buchseite auf ein Stück Pappe und schneide sie mit etwas Rand aus. Stanze am oberen Rand der Pappe Löcher und fädle dort ein Stück Juteschnur zum Aufhängen durch.

DAS BRAUCHEN WIR

- Buchseiten (bunt), Papier (weiß), Pappe, Juteschnur
- Grundausrüstung

TIPPS

- Mit dieser Technik lassen sich auch hervorragend Türschilder (z.B. von einer Schulklasse), Hefteinbände, Notizheftchen, Glückwunschkarten etc. gestalten.
- Du kannst dein Selbstporträt noch nach Lust und Laune kunterbunt, z.B. mit Papierstückchen, Wolle, Stoffresten, Knöpfen etc., verzieren.

PFLANZENGESICHTER

Hier wird's ja ganz lustig mit diesen drei Gesellen! Wie du sehen kannst, handelt es sich um pfiffige Blumentöpfe, die alle eine ganz besondere Haarpracht haben. Ob auch die zum Friseur müssen oder ob das ein Gärtner macht? Überlege dir, welche verrückten „Pflanzenhaare" dein Blumentopf haben könnte, und starte durch!

SO WIRD'S GEMACHT

1 Bereite die Buchseiten vor. Reiße von der nicht bemalten Buchseite ein Rechteck ab. Beim geraden Reißen kann dich ein Lineal unterstützen. Klebe dann dieses Rechteck auf ein Papier deiner Wahl und reiße es wiederum zurecht. Lasse dabei etwas Rand.

2 Schneide aus der Pappe einen Blumentopf aus und verpasse ihm ein lustiges Gesicht. Die Nase kann z.B. aus Pappe und aufgeklebt sein oder die Augen können in verschiedene Richtungen schauen. Nimm eine grüne Buchseite und schneide Pflanzenteile aus. Klebe sie anschließend an dem oberen Rand des Blumentopfs auf. Einzelheiten der Pflanze können mit einem schwarzen Stift auf die Teile gezeichnet werden.

3 Stanze am oberen Rand des Papierrechtecks zwei Löcher und bringe ein Stück Juteschnur zum Aufhängen an.

DAS BRAUCHEN WIR

- Buchseiten (verschiedene Grüntöne, nicht bemalt), Papier (beliebig farbig), Pappe, Juteschnur
- Grundausrüstung

TIPPS

- Eine tolle Dekoration wird es, wenn mehrere Pflanzengesichter gebastelt werden und alle gemeinsam eine Raumwand richtig schön lebendig machen.
- Die Pflanzengesichter sind auch ideal, um lustige Einladungen, Glückwunschkarten etc. zu basteln.

BUNTGIRAFFEN

Wenn man sich diese beiden Giraffen so anschaut, merkt man gleich, dass sie anders als ihre lebendigen Verwandten sind. Mhm. Aber was? Haben sie etwa einen kürzeren Hals oder andersförmige Hörnchen oder ist bei ihren Augen etwas anders? Nein: Diese Buntgiraffen sind besonders stolz auf ihre bunten Flecken, die ihre Verwandtschaft leider nicht hat.

SO WIRD'S GEMACHT

1 Bereite die Buchseiten vor. Nimm die nicht bemalte Buchseite und reiße mithilfe eines Lineals (siehe „Weitere Basteltipps", Seite 8) ein Rechteck. Klebe dann die Buchseite auf ein Stück Pappe und schneide sie mit etwas Rand aus. Nimm die gelb-orange Buchseite und schneide den Kopf, die Ohren sowie den Hals für eine Giraffe aus. Aus dem braunen Papier fertigst du die Haare (langer Streifen mit kleinen Einschnitten) sowie die Hörnchen an. Dann klebst du alles an den entsprechenden Stellen auf die unbemalte Buchseite/Pappe.

2 Fertige zwei Papieraugen (siehe „Weitere Basteltipps", Seite 8) an, bringe sie an und zeichne der Giraffe einen Mund auf. Reiße nun unterschiedlich große Stückchen von den Buchseiten ab und klebe sie auf die Giraffe. Du kannst auch bunte Flecken übereinanderkleben. Zum Schluss stanzt du am oberen Rand der Pappe zwei Löcher und bringst ein Stück Juteschnur zum Aufhängen an.

DAS BRAUCHEN WIR

- Buchseiten (gelb-orange, bunt, nicht bemalt), Papier (weiß, braun), Pappe, Juteschnur
- Grundausrüstung

TIPPS

- Natürlich müssen die Buntgiraffen nicht gelb mit bunten Flecken sein. Sie können auch grünes, blaues, oranges, pinkes etc. Fell haben. Sie heißen ja nicht umsonst „Buntgiraffen“.
- Toll werden die Giraffen auch, wenn du sie auf Pappe klebst und genau ausschneidest. Wenn du mehrere solcher Giraffen bastelst und nebeneinander an der Wand anbringst, wirken sie besonders schön.

TIERPORTRÄTS

Bei dieser Idee ist Fingerspitzengefühl gefragt, denn es wird nicht – wie so oft – mit einer Schere geschnitten! Die einzelnen Teile der Tiere werden vorsichtig aus Papier zurechtgerissen. Du bist kein Koala-, Frosch-, Vogel- oder Schweinchenfan? Kein Problem! Auch andere Tiere kann man hervorragend ... „zurechtreißen".

SO WIRD'S GEMACHT

1 Bereite die Buchseiten vor. Reiße von der grauen Buchseite den Kopf, die beiden Ohren sowie ein trapezartiges Stück für den Oberkörper eines Koalas zurecht.

2 Klebe nun die zurechtgerissenen Teile auf das weiße Blatt Papier. Aus dem schwarzen Papier reißt du die Nase und aus der pinken Buchseite die Backen zurecht. Dann klebst du sie an den entsprechenden Stellen dem Koala auf.

3 Für das Ohrinnere sowie den Flecken am Bauch verwendest du die nicht bemalte Buchseite. Zeichne zum Schluss noch die Augen und die Schnauze auf.

DAS BRAUCHEN WIR

- Für den Koala: Buchseiten (grau, pink), Papier (weiß, schwarz)
- Grundausrüstung

TIPPS

- Du kannst die Tierporträts noch auf ein Stück Pappe kleben und dann aufhängen.
- Mit den niedlichen Tieren kannst du außerdem wunderbar Glückwunschkarten basteln.
- Hervorragend bietet sich diese Technik auch für Leinwände an: Tiere daraufkleben und damit dein Kinderzimmer schmücken. Ach, basteln ist wie zaubern können!

RI-RA-ROBOTER

Diese Idee ist so einfach, unkompliziert und schnell einsetzbar, und trotzdem kommen richtig coole Ri-Ra-Rooooo-booo-teeer dabei heraus. Deiner Fantasie sind keine Grenzen gesetzt. Mache dein Ding und bastle los. Vielleicht fällt dir zum Schluss ja noch ein passender Name für den Neuankömmling ein?

SO WIRD'S GEMACHT

1 Bereite die Buchseiten vor. Nimm das weiße Papier und lege es vor dich hin. Schneide aus den Buchseiten den Kopf, Hals und Bauch für deinen Roboter aus. Bringe die Papierteile an den richtigen Stellen auf dem weißen Papier an.

2 Verpasse deinem Roboter nun Arme, Hände, Beine, Füße, Antennen und was er sonst noch alles braucht. Du kannst dafür ganz verschieden-farbige Buchseiten verwenden.

3 Fertige ein (oder mehrere) Papierauge/-n an (siehe „Weitere Basteltipps", Seite 8) und klebe sie auf. Details, wie z.B. den Mund, zeichnest du mit einem schwarzen Stift auf.

DAS BRAUCHEN WIR

- Buchseiten (bunt), Papier (weiß)
- Grundausrüstung

TIPPS

- Du kannst die Roboter noch zusätzlich auf ein Stück Pappe kleben, den Rand schön verzieren und dann ein Stück Schnur zum Aufhängen anbringen.
- Mit den Robotern kannst du außerdem tolle Geburtstagseinladungen oder lustige Glückwunschkarten gestalten.
- Schön werden die Bilder auch, wenn mehrere Roboter nebeneinanderplatziert werden.

TRAUMFÄNGER

Immer wieder passiert es, dass böse Träume sich nachts heimlich in unsere Zimmer schleichen und uns oft ganz verschwitzt hochschrecken lassen. Gut, dass es Traumfänger gibt, die solche Schlafstörer scheinbar fernhalten können. Praktisch, einen Traumfänger im Zimmer zu haben. Wie wäre es vielleicht mit einem Buchseiten-Traumfänger?

SO WIRD'S GEMACHT

1 Bereite die Buchseiten vor. Schneide/stanze aus einer bunten Buchseite einen Kreis aus. Falte ihn für einen Scherenschnitt einige Male zusammen und mache für ein Muster Schnitte in den Kreis. Öffne dann den Kreis wieder und schaue, ob du mit dem erhaltenen Muster zufrieden bist. Wenn nicht, faltest du ihn nochmals zusammen und schneidest noch einige Schnitte hinein. Aus der nicht bemalten Buchseite schneidest/stanzt du einen genau gleich großen Kreis aus. Bringe diesen an der Rückseite des anderen Kreises an.

2 Stanze am oberen Rand ein Loch und bringe dort ein Stück Juteschnur zum Aufhängen an. Jetzt kannst du deinen bunten Scherenschnitt beliebig (z.B. mit bunten Papierkreisen) verzieren.

3 Schneide aus den Buchseiten federartige Formen aus, zeichne die Konturen ein und klebe sie am unteren Rand auf den Kreis. Verziere zum Schluss deinen Papiertraumfänger so, wie er dir am besten gefällt.

DAS BRAUCHEN WIR

- Buchseiten (bunt, nicht bemalt), Papier (beliebig farbig), Juteschnur
- Grundausrüstung

TIPPS

- Für den Hintergrund kannst du beliebig buntes Papier verwenden. Ich habe in meinen Büchern einige Seiten ohne Schrift ausgesucht und dort die großen Kreise ausgestanzt.
- Du kannst auch richtige Federn an deinen Traumfänger hängen. Bunte Holzperlen machen sich ebenfalls sehr gut.

VÖGELCHEN

„Tschilp, tschilp, tschilp, TSCHIIIIIIIILP!" Kein Wunder, dass diese Vögelchen so aufgeregt zwitschern. In so toller und fröhlicher Gesellschaft muss das Leben einfach Spaß machen, oder? Die bunte Schar bringt bestimmt auch richtig viel gute Laune in eure Wohnung mit. Worauf wartest du noch? „Tschilp, tschilp, tschilp, TSCHIIIIIIIILP!"

SO WIRD'S GEMACHT

1 Bereite die Buchseiten vor. Reiße aus einer bunten Buchseite den Körper für einen Vogel zurecht, klebe diesen auf die Pappe und schneide ihn wieder genau aus. Fertige die Flügel, den Schnabel sowie die Füßchen aus dem Papier sowie den Buchseiten an und klebe sie auf. Aus einer bunten Buchseite schneidest du die Federn aus und zeichnest ihre Konturen auf. Klebe alles auf den Vogelkörper und zeichne Augen auf.

2 Stelle weitere Vögelchen genau gleich her – am besten in unterschiedlichen Farben.

3 Nimm das Ästchen und binde ein Stück Juteschnur am rechten sowie am linken Ende zum Aufhängen fest. Bringe mehrere Stücke Juteschnur am Ästchen an und befestige mit etwas Klebestreifen die Vögelchen daran. Fädle außerdem einige Holzperlen auf Juteschnüre und bringe sie am Mobile an, damit es extra bunt wird.

DAS BRAUCHEN WIR

- Buchseiten (bunt), Papier (orange, gelb), Pappe, Ästchen, Juteschnur, Holzperlen
- Grundausrüstung

TIPPS

- Die Vögelchen bieten sich auch hervorragend an, um Kärtchen, Geschenktüten, Lesezeichen, Blumenstecker und, und, und zu gestalten.
- Sehr schön wirken diese lustigen Vögelchen außerdem auf Eingangstüren, um die Gäste farbenfroh willkommen zu heißen.

BLUMENFOTORAHMEN

Gelb, orange, rot, pink, violett, blau, grün – was für eine herrliche Farbpracht, wenn man sich diesen Fotorahmen anschaut! Wüsstest du ein Plätzchen in eurer Wohnung, das etwas Farbe gebrauchen könnte? Dann nichts wie los! Ein solcher bunter und blumiger Fotorahmen darf dort auf keinen Fall fehlen.

SO WIRD'S GEMACHT

1 Bereite die Buchseiten vor. Lege das ausgesuchte Foto vor dich hin. Nimm dann die vier Ästchen und lege sie wie einen Bilderrahmen um das Foto. Achte darauf, dass sich die Ästchen an den Ecken überlappen. Bitte jetzt am besten eine erwachsene Person, dir dabei zu helfen, immer zwei nebeneinanderliegende Ecken mit Juteschnur zu umwickeln und so zu fixieren.

2 Schneide aus den Buchseiten mehrere Blumen aus. Klebe eine Holzperle bei jeder Blume genau in die Mitte.

3 Bitte wieder eine erwachsene Person, die kunterbunten Blumen mit etwas Heißkleber am Bilderrahmen zu befestigen. Nun spannst du ein Stück Juteschnur vom oberen linken bis zum oberen rechten Eck, an der dann das Foto mit einer Holzklammer befestigt wird. Bringe zum Schluss noch ein Stück Juteschnur zum Aufhängen an.

DAS BRAUCHEN WIR

- Buchseiten (bunt), Holzperlen, Foto, 4 Ästchen, Juteschnur, Holzklammer
- Grundausrüstung + Heißklebepistole

TIPPS

- Wenn euch das Umwickeln der „Ecken“ schwerfällt, kann die erwachsene Person zuerst die Ästchen mit einem Tropfen Heißkleber aufeinanderkleben.
- Lege einige Buchseitenstückchen übereinander und schneide dann die Blumen aus. So erhältst du bei jedem Ausschneiden gleich mehrere gleich große Blumen.
- Der Blumenfotorahmen ist ein wunderbares Geschenk für Mutter- oder Vatertag, zum Geburtstag von Oma oder Opa etc.

FOTORAHMEN KUNTERBUNT

Fotos sind meiner Meinung nach etwas Wunderbares! Sie erinnern uns an schöne Momente, zaubern uns ein Lächeln ins Gesicht und lassen uns ein gutes, warmes Gefühl um das Herz verspüren. Genau aus diesem Grund basteln wir heute diese bunten Bilderrahmen, die unsere Fotos besonders hübsch präsentieren.

SO WIRD'S GEMACHT

1 Bereite die Buchseiten vor. Nimm dein ausgewähltes Foto und klebe es auf ein Stück Pappe. Zeichne, am besten mithilfe eines Lineals, einen beliebig breiten Rand um das Foto und schneide die Pappe aus.

2 Schneide/stanze aus den Buchseiten unterschiedlich große Papierkreise aus. Ich habe drei verschiedene Größen ausgewählt. Klebe die Kreise der Größe nach aufeinander und bringe sie rund um das Foto an.

3 Jetzt kannst du noch mit dem schwarzen Stift die Kreise etwas verzieren (z.B. einen Punkt in die Mitte machen). Zum Schluss stanzt du am oberen Rand der Pappe zwei Löcher und bringst dort ein Stück Juteschnur zum Aufhängen an.

DAS BRAUCHEN WIR

- Buchseiten (bunt), Pappe, Foto, Juteschnur
- Grundausrüstung

TIPP

- Wunderschön werden diese Bilderrahmen auch, wenn du als Basis einen runden Pappteller verwendest und die „Papiermosaike" am Rand anbringst.

FOTOSCHNUR MIT HERZCHEN

Eure Fotos kannst du mit dieser Herzgirlande perfekt in Szene setzen und eure Wohnung richtig hübsch dekorieren. Suche dir einige schöne Fotos aus und der Bastelspaß kann losgehen!

SO WIRD'S GEMACHT

1 Bereite die Buchseiten vor. Schneide aus der Pappe ein Herz aus.

2 Reiße die Buchseiten in kleine Stücke und überklebe damit das Herz.

3 Drehe das Herz um und schneide überstehende Papierreste ab. Bringe an der Rückseite eine Holzklammer an. Stelle weitere Herzen her und gehe dabei genau gleich vor. Danach klammerst du die Herzchen auf eine Juteschnur und klemmst deine ausgewählten Erinnerungsfotos darin ein.

DAS BRAUCHEN WIR

- Buchseiten (bunt), Pappe, Holzklammern, Juteschnur, Fotos
- Grundausrüstung

TIPPS

- Die Fotoschnur ist eine schöne Idee für Mutter- oder Vatertag, zum Geburtstag etc.
- Einfarbige Buchseitenherzen sind ebenfalls hübsch. Dafür die Pappherzen mit Kleber bestreichen, eine bunte Buchseite darauflegen, umdrehen und überstehende Papierreste abschneiden.
- Du kannst die Herzen auf die Juteschnur klammern, wenn sie quer hängt. Die Girlande macht sich aber auch „senkrecht" (auf und ab) sehr gut. Dafür einen Erwachsenen bitten, die Herzchen-Holzklammern mit etwas Heißkleber untereinander auf die Juteschnur zu kleben. Dazwischen natürlich genügend Abstand für die Fotos lassen.

GIRLANDE KUGELRUND

Wie der Name dieser Girlande schon sagt, sind ihre einzelnen Teile „kugelrund". Super, um Räumen im Handumdrehen viel Farbe zu verleihen. Vielleicht für die Faschingszeit, einen Geburtstag oder sonstige Feierlichkeiten? Ein kunterbunter Blickfang, der schnell und unkompliziert nachgebastelt werden kann.

SO WIRD'S GEMACHT

1 Bereite die Buchseiten vor. Schneide/stanze aus den Buchseiten mehrere gleich große Kreise aus.

2 Falte alle Kreise genau in der Mitte. Klebe sie mit ihren Rückseiten (Halbkreis auf Halbkreis) aneinander, bis du eine Art Kugel erhältst. Bevor du die letzten beiden Halbkreise zusammenklebst, legst du ein Juteschnurstück in die Mitte und befestigst es mit etwas Klebestreifen.

3 Stelle nun weitere Papierkugeln her und bringe sie auch am Juteschnurstück an, bis deine schöne kunterbunte Girlande lang genug ist.

DAS BRAUCHEN WIR

- Buchseiten (bunt), Juteschnur
- Grundausrüstung

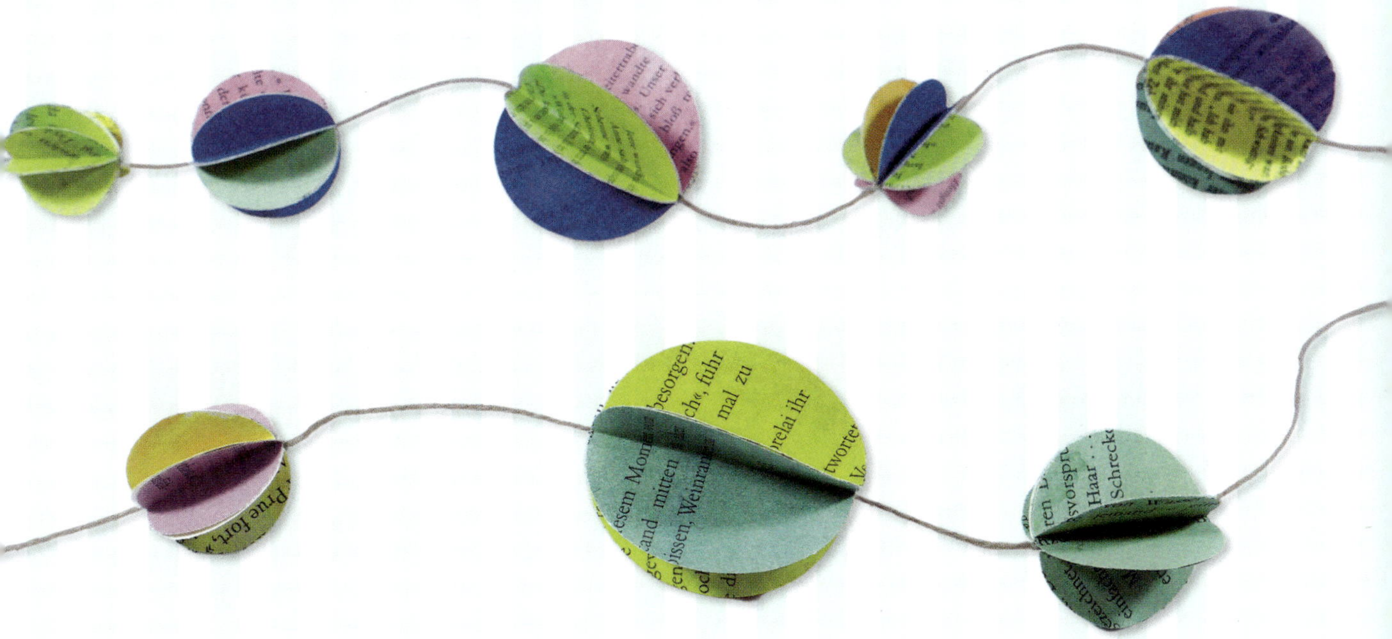

TIPPS

- Kleine, mittelgroße, große Papierkugeln: Wechsle doch einfach ab. Alles ist erlaubt!
- Vor der Faschingsfeier kann diese kugelrunde Girlande hervorragend z.B. von einer Kindergruppe gemeinsam gebastelt werden: Alle stellen ihre eigenen Papierkugeln her, die später an der gemeinsamen superlaaaaaaaangen Girlande angebracht werden.

WASSEREIS AM STIEL

Wer von uns liebt nicht an heißen Sommertagen ein Wassereis, das uns erfrischt und einen wunderbar sommerlichen Geschmack in den Mund zaubert? Wassereis ist nicht nur die perfekte Abkühlung für zwischendurch, sondern – wenn es gebastelt wird – auch eine wunderbare Sommerdekoration. Keine Angst – dieses Wassereis schmilzt auch an den wärmsten Sommertagen nicht.

SO WIRD'S GEMACHT

1 Bereite die Buchseiten vor. Schneide aus einer bunten Buchseite eine Form für ein Wassereis aus. Klebe dieses dann auf die Pappe, damit es stabiler wird, und schneide es wiederum aus.

2 Verziere dein Wassereis beliebig mit Streifen, Punkten, kleinen Verzierungen aus bunten Buchseiten etc.

3 Natürlich kannst du auch kleine Verzierungen oder Muster mit einem schwarzen Stift oder mit Filzstiften oder Buntstiften aufmalen. Schneide zum Schluss aus der Pappe einen Stiel aus und bringe ihn an der Rückseite des Wassereises an. Stelle genau auf diese Art und Weise noch mehr Wassereis her. Bringe alle dann mit etwas Klebestreifen oder Heißkleber (bitte dazu einen Erwachsenen) nach und nach an einem Stück Juteschnur an, bis deine Girlande die gewünschte Länge erreicht hat.

DAS BRAUCHEN WIR

- Buchseiten (bunt), Pappe, Juteschnur
- Grundausrüstung + Heißklebepistole (optional)

TIPPS

- Die Wassereisgirlande ist eine tolle Dekoration für eine gemütliche Sommerparty bei euch im Garten!
- Wenn du jedes Wassereis auf ein Kärtchen klebst, erhältst du niedliche Glückwunschkarten, Geschenkanhänger, Einladungen zur Sommerparty, Einladungen zum gemeinsamen Eisessen etc.

PARTYFÄHNCHEN

Ohhhh, yeah, jetzt ist Party angesagt. Neben köstlichen Snacks, kühlen Getränken, pfiffigen Spielen und gut gelaunten Gästen darf die passende Dekoration auf keinen Fall fehlen. Was würdest du davon halten, für deine Feier kunterbunte Fähnchen selbst zu basteln? Dekorationen, die du genau so basteln kannst, wie sie dir gefallen, sind doch immer am allerschönsten, oder?

SO WIRD'S GEMACHT

1 Bereite die Buchseiten vor. Schneide aus den Buchseiten mehrere Rechtecke aus.

2 Klebe die bunten Rechtecke auf die Pappe und schneide sie wieder genau aus. Nimm ein Rechteck und schneide an der unteren Seite ein Dreieck (wie im Foto) heraus. Genau das machst du auch mit den anderen Rechtecken, um viele bunte Fähnchen zu erhalten.

3 Bringe die bunten Fähnchen nach und nach mit buntem Washi-Tape an einem Stück Juteschnur an. Lege dafür die obere Seite des Fähnchens genau an die Schnur und klebe einen dünnen Streifen Washi-Tape darüber. Lasse dann etwas Platz und befestige das nächste Fähnchen auf dieselbe Art und Weise. Mache so weiter, bis die Girlande die gewünschte Länge erreicht hat.

DAS BRAUCHEN WIR

- Buchseiten (bunt), Pappe, Juteschnur
- Grundausrüstung + Washi-Tape (bunt)

TIPPS

- Um sicherzugehen, dass die Fähnchen wirklich fest an der Schnur hängen, könntest du sie zuerst mit einem gewöhnlichen Klebestreifen befestigen und anschließend Washi-Tape darüberkleben.
- Wenn du kein Washi-Tape hast, ist das kein Problem: Du kannst auch bunte Buchseiten oder farbenfrohes Papier in dünne Streifen schneiden, diese mit etwas Kleber bestreichen und sie gleich wie Washi-Tape verwenden.

WASSERMELONENGIRLANDE

Sie sind rot und grün, haben einige schwarze, kleine „Bewohner“ und sind voller Wasser. Im Sommer werden diese Früchte heiß geliebt, da sie sehr erfrischend sind. Natürlich ist von Wassermelonen die Rede, die bei dieser Bastelidee im Mittelpunkt stehen.

SO WIRD'S GEMACHT

1 Bereite die Buchseiten vor. Schneide/stanze aus den roten Buchseiten mehrere Kreise aus.

2 Schneide die roten Kreise genau in der Mitte auseinander. Schneide dann die grünen Buchseiten in Streifen. Achte darauf, dass die roten Halbkreise darauf noch leicht Platz haben. Lege nun die roten Halbkreise auf die grünen Streifen (Tipp: Lege die gerade Seite des Halbkreises genau am Rand des Streifens hin!) und schneide sie mit etwas Rand aus. Zeichne mit dem schwarzen Stift die Kerne der Melone auf.

3 Nimm ein Stück Juteschnur und bringe die Wassermelonenstücke nach und nach mit etwas Klebestreifen oder Heißklebepistole (bitte dazu einen Erwachsenen) daran an.

DAS BRAUCHEN WIR

- Buchseiten (rot, grün), Pappe, Juteschnur
- Grundausrüstung + Heißklebepistole (optional)

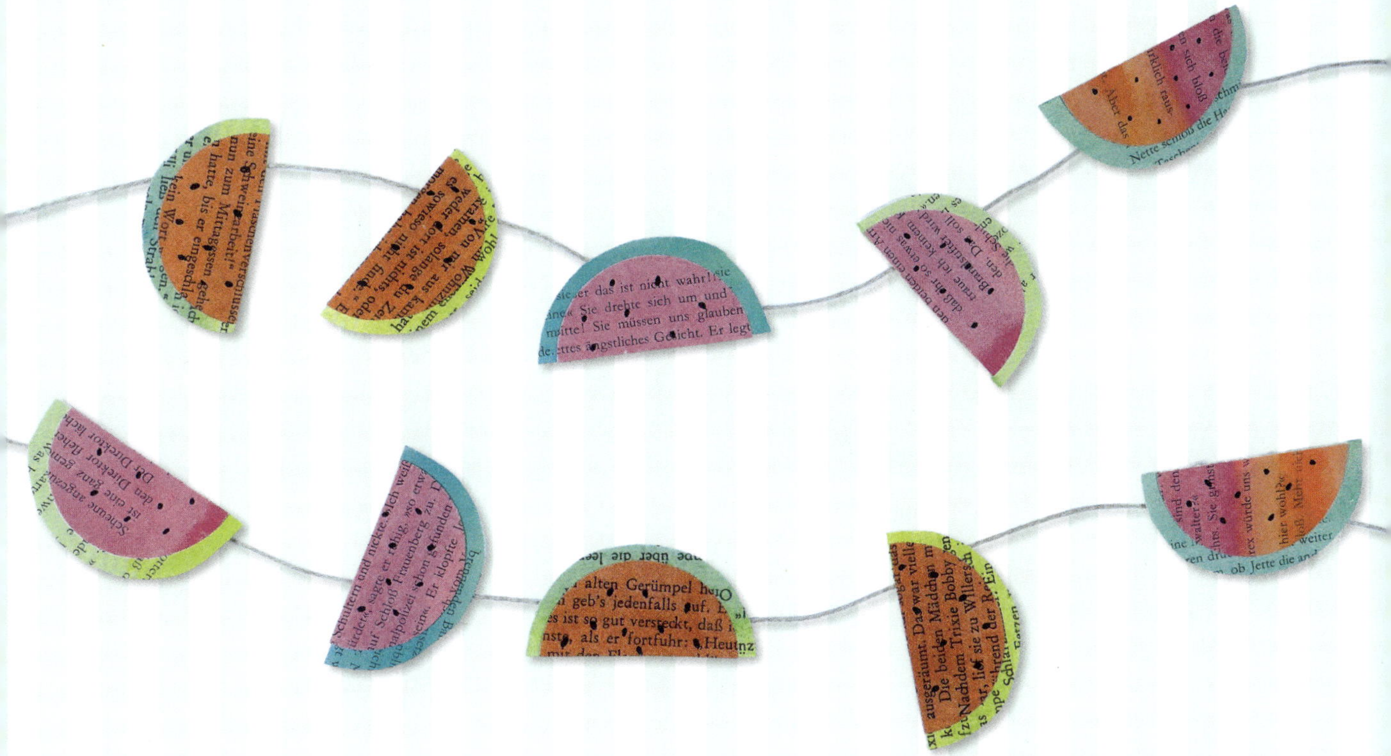

TIPP

- Mit diesen Wassermelonen kannst du auch wunderbar sommerliche Geschenktüten, Glückwunschkarten, Briefumschläge, Notizheftchen, Lesezeichen, Tischkärtchen etc. verzieren.

KANINCHEN

Papprollen kann man mit braun angemalten Buchseiten in wenigen Augenblicken in diese niedlichen Kaninchen verwandeln. Diese machen sich wunderbar als Dekoration oder können auch als Osternestchen, gefüllt mit Schokoeiern und anderen Leckereien, verschenkt werden. Mhmm, also ich würde mich darüber sehr freuen!

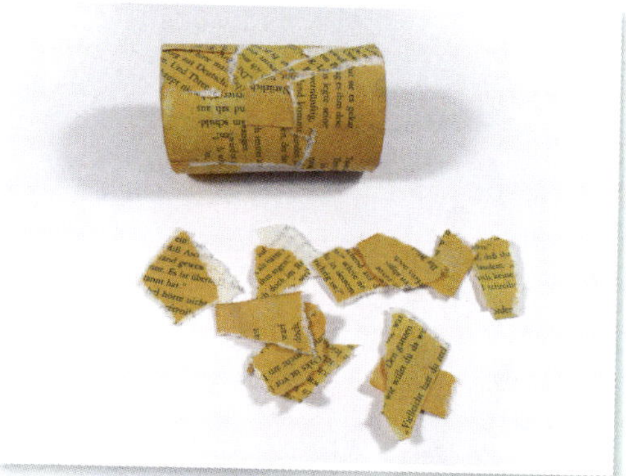

SO WIRD'S GEMACHT

1 Bereite die Buchseiten vor. Reiße die braunen Buchseiten in kleine Stückchen und überklebe damit die Papprolle.

2 Fertige aus den braunen Buchseiten den Kopf sowie die beiden Ohren eines Kaninchens an. Klebe die ausgeschnittenen Teile zusätzlich auf Pappe und schneide sie genau aus. Klebe eine ausgestanzte Nase aus rosa Papier auf den Kopf und male dem Kaninchen ein freundliches Gesichtchen auf. Aus der nicht bemalten Buchseite schneidest du das Ohrinnere aus und klebst es auf die Pappohren.

3 Klebe nun die Ohren am Kopf fest. Mit etwas Bastelkleber bringst du die Holzklammer auf der Rückseite des Kopfes an. Klemme nun den Kopf am Papprollenkörper fest.

DAS BRAUCHEN WIR

- Buchseiten (braun, nicht bemalt), Papier (rosarot), Pappe, Papprolle, Holzklammer
- Grundausrüstung

TIPPS

- Wenn du die Papprolle unten mit einem Stück Pappe verschließt, kannst du diese Kaninchen hervorragend als Osternestchen verwenden.
- Benutze die Papprollen, die vom Küchenpapier übrig bleiben. Diese kannst du beliebig lang zuschneiden und so kleine und große Kaninchen basteln.

FISCHE

Blubb, blubb, blubb. Auch diese beiden Fische haben hier im Buch einen Platz ergattert und schwimmen jetzt fröhlich darin herum. Bastle deinen eigenen Fisch und verpasse ihm eine kunterbunt funkelnde Papierschuppenhaut.

SO WIRD'S GEMACHT

1 Bereite die Buchseiten vor. Schneide aus der Pappe den Fischkörper und die Flossen aus. Schneide/stanze außerdem aus dem weißen Papier einen Kreis für das Auge aus. Aus einer bunten Buchseite schneidest du den Mund aus.

2 Zeichne die Pupille auf das Auge. Reiße dann Buchseiten vorsichtig in Streifen und überklebe damit den Fischkörper.

3 Überstehende Buchseiten kannst du vorsichtig abreißen. Bringe die Flossen an und zeichne die typischen Konturen auf. Umwickle den Stein mit einem Stück Blumendraht und verdrehe den Draht einige Male. Befestige anschließend den Fisch mit etwas Klebestreifen am Drahtende.

DAS BRAUCHEN WIR

- Buchseiten (bunt), Papier (weiß), Pappe, Stein, Blumendraht
- Grundausrüstung

TIPPS

- Diese Fische sind eine wunderbare sommerliche Dekoration, die man auch gut verschenken kann!
- Wenn du möchtest, kannst du an der Rückseite des Fisches noch eine kleine Holzklammer (Öffnung nach oben) anbringen und dort ein schönes Foto einklemmen.

SCHMETTERLINGE

Immer wieder sage ich: „Basteln ist wie zaubern können“, und genau das beweist auch diese Idee wieder. Aus Buchseiten und etwas Papier, einem Ästchen und farbenfrohem Garn oder bunter Wolle entstehen wie durch Magie wunderbare Schmetterlinge, die viel Fröhlichkeit und gute Laune mit sich bringen.

SO WIRD'S GEMACHT

1 Bereite die Buchseiten vor. Schneide aus einer bunten Buchseite die Flügel für einen Schmetterling aus und verziere sie beliebig mit Kreisen, Punkten etc. aus Buchseiten und Papier.

2 Nimm das Ästchen und umwickle es von oben bis unten mit buntem Garn oder Wolle. Die beiden Enden befestigst du jeweils mit etwas Kleber am Ästchen.

3 Schneide/stanze aus einem beliebigen Papier einen Kreis für das Köpfchen aus. Du kannst es zusätzlich auf Pappe kleben, dass es stabiler wird. Zeichne das Gesichtchen auf und bringe von hinten die Fühler an, die du auf dem weißen Papier aufgezeichnet und ausgeschnitten hast. Bringe mit etwas Heißkleber den Kopf oben auf dem Ästchen und das Ästchen auf den Flügeln an. Zum Schluss bringst du auf der Rückseite des Schmetterlings noch ein Stück Juteschnur zum Aufhängen an.

DAS BRAUCHEN WIR

- Buchseiten (bunt), Papier (weiß, beliebig farbig), Pappe, Ästchen für den Schmetterlingskörper, Garn/Wolle (bunt), Juteschnur
- Grundausrüstung + Heißklebepistole

TIPPS

- Am besten funktioniert das Ausschneiden der Flügel, wenn du die Buchseite in der Mitte zusammenfaltest, eine Flügelhälfte ausschneidest und dann die Buchseite wieder vorsichtig öffnest. Die Faltkante befindet sich genau in der Mitte der beiden Flügel.
- Die Schmetterlinge sind ein toller Fensterschmuck für den Frühling.
- Wenn du an den Schmetterlingen Schaschlikspieße anbringst, können sie als farbenfrohe Blumenstecker verwendet werden.

LÖWEN

Wenn du die Papprollen nicht aufgestellt wie bei den Kaninchen (siehe Seite 72), sondern quer nimmst, kannst du sie in diese liebevollen Löwen verwandeln. Und ja, du hast richtig gelesen: Diese Löwen sind wirklich liebevoll, zahm und kinderfreundlich. Nicht unbedingt wie ihre echten Verwandten, weil bei denen weiß man nie ...

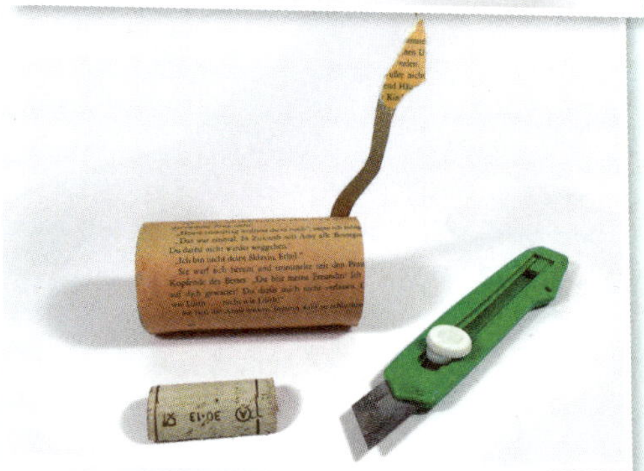

SO WIRD'S GEMACHT

1 Bereite die Buchseiten vor. Fertige einen braunen Pappkreis für den Löwenkopf sowie zwei Pappohren an. Schneide aus der nicht bemalten Buchseite das Ohrinnere aus, klebe es auf die Ohren und dann die fertigen Ohren von hinten am Kopf fest. Schneide aus dem schwarzen Papier eine Nase aus und klebe sie auf. Male dem Löwen dann noch ein freundliches Gesicht auf. Reiße die orange-gelben Buchseiten in kleine Stückchen und klebe sie von hinten als prächtige Löwenmähne auf.

2 Überklebe die Papprolle mit der braunen Buchseite. Schneide überstehendes Papier einfach ab. Lege die Papprolle waagrecht vor dich hin und bringe einen Pappschwanz mit wuscheliger Buchseitenspitze an. Bitte dann eine erwachsene Person, mit dem Furniermesser einen Korken der Länge nach genau in der Mitte auseinanderzuschneiden.

3 Bitte wieder einen Erwachsenen, eine Korkenhälfte mit etwas Heißkleber unten auf der Papprolle zu befestigen und vom zweiten Korken mit dem Furniermesser vorsichtig eine Scheibe abzuschneiden. Auf diese wird der Kopf geklebt und anschließend an der Papprolle befestigt.

DAS BRAUCHEN WIR

- Buchseiten (braun, orange-gelb, nicht bemalt), Papier (schwarz), Papprolle, Pappe (braun), 2 Korken
- Grundausrüstung + Furniermesser, Heißklebepistole

TIPPS

- Wenn du möchtest, können deine Löwen auch sitzen: Dafür nimmst du die Papprolle senkrecht (aufgestellt).
- Für den Körper könntest du auch das braune Papier in kleine Stückchen reißen (wie beim Kaninchen, siehe Seite 72) und mit diesen die Papprolle überkleben. Dann wirkt das Löwenfell besonders wuschelig.

BUNTSCHNECKEN

Meistens sind Schnecken in der Natur farblich sehr gut an ihre Umwelt angepasst und oft kaum zu sehen, wenn sie gemütlich durch ihr Leben kriechen. Wenn aber eine dieser Buntschnecken sich aus dem Staub machen und dieses Bastelbuch verlassen sollte, bleibt sie – da bin ich mir sicher – nicht lange unentdeckt. Ihre Körperfarben sind einfach zu bunt.

SO WIRD'S GEMACHT

1 Bereite die Buchseiten vor. Schneide aus der Pappe den Schneckenkörper sowie einen Kreis für das Schneckenhaus aus. Zeichne auf den Kreis die typische Schneckenhausspirale sowie auf dem Körper das Gesicht auf.

2 Zeichne auf das weiße Papier die Fühler auf, schneide sie aus und bringe sie an. Du kannst deiner Schnecke auch beliebig bunte Papierbacken verpassen. Reiße nun die Buchseiten in dünne Streifen und überklebe damit den Schneckenkörper, bis dieser komplett bedeckt ist.

3 Drehe den Schneckenkörper um und schneide überstehendes Papier ab. Befestige das Schneckenhaus am Körper. Zum Schluss bringst du noch an der Rückseite der Schnecke einen Schaschlikspieß an, damit du sie als Blumenstecker verwenden kannst.

DAS BRAUCHEN WIR

- Buchseiten (bunt), Papier (weiß, beliebig farbig), Pappe, Schaschlikspieß
- Grundausrüstung

TIPPS

- Diese bunten Schnecken leisten euren Zimmerpflanzen liebend gerne Gesellschaft und lassen sich wunderbar (vielleicht mit einer schönen Pflanze?) verschenken.
- Du kannst mit diesen Schnecken natürlich auch Geschenkanhänger, Glückwunschkarten usw. gestalten oder sie als Glücksbringer jemandem überreichen.

FARBENFROHER BASTELSPAß

Nach den farbenfrohen Kärtchen und Tüten vom ersten sowie den kunterbunten Dekorationen vom zweiten Kapitel gibt es jetzt einen guten Mix aus allem: Pfiffige Lesezeichen, kitzelige Kitzelschwanzfische, lustige Kühlschranktrolle, wunderschöne Regenbögen, neugierige Dinofingerpuppen, kleine Glücksgrunzer und vieles mehr erwartet dich auf den nächsten Seiten. Alle Ideen bieten sich auch hervorragend zum Verschenken an. Wer würde sich nicht über eine so farbenfrohe Überraschung freuen? Tauch ein in diese bunte Bastelspaß-Welt.

PRINZESSIN UND PRINZ

Darf ich vorstellen: Diese beiden Kaffeefilterhandpuppen heißen Prinzessin Schnell und Prinz Langsam. Wie ihre Namen schon verraten, macht Prinzessin Schnell alles ganz fix und Prinz Langsam alles seeeeehr, seeeehr laaaaangsam. Lachen und Begeisterung sind mit diesen beiden vorprogrammiert. Schnapp dir zwei Kaffeefilter und los geht's!

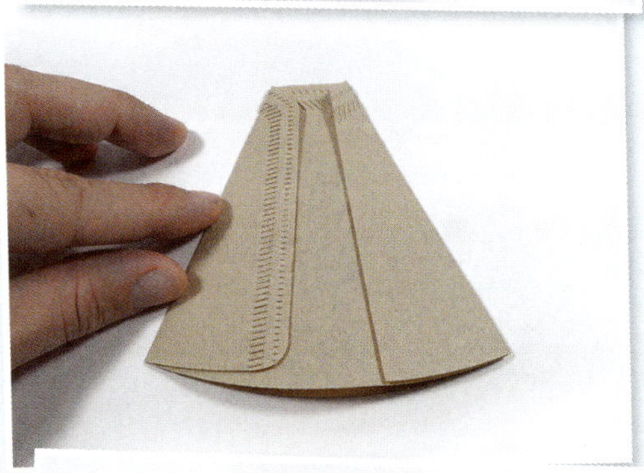

SO WIRD'S GEMACHT

1 Bereite die Buchseiten vor. Schneide aus den Buchseiten ein hübsches Kleid, Schuhe sowie eine Krone für die Prinzessin aus. Aus dem rosaroten Papier schneidest du einen Kreis für den Kopf sowie die Hände aus. Zeichne der Prinzessin ein freundliches Gesichtchen auf.

2 Nimm einen Kaffeefilter, falte die rechte und linke Seite etwas nach innen und befestige sie mit etwas Kleber. So wird der Kaffeefilter kleiner und kann deiner Handgröße angepasst werden. Drehe dann den Kaffeefilter um.

3 Klebe die ausgeschnittenen Teile an den entsprechenden Stellen auf den Kaffeefilter. Bevor du die Krone aufklebst, klebst du der Prinzessin noch Papierhaare auf. Fertige nach demselben Muster entsprechend den Prinzen Langsam an.

DAS BRAUCHEN WIR

- Buchseiten (bunt), Papier (rosarot, beliebig farbig), Kaffeefilter
- Grundausrüstung

TIPPS

- Für die Haare kannst du statt des Papiers Garn, Wolle oder andere Materialien, die sich dafür anbieten, verwenden.
- Diese Handpuppen bieten sich wunderbar im Kindergarten für Mitmachgeschichten (z.B. zum Thema Tagesablauf) an. Alles, was die Prinzessin Schnell macht, müssen auch die Kinder ganz schnell machen. Alles, was der Prinz Langsam macht, machen die Kinder ebenfalls ganz langsam. Auch in der Schule können die Handpuppen gut in verschiedensten Situationen eingesetzt werden (z.B. in Deutsch: schnell und langsam lesen; Entsprechendes dann in Musik, in Sport ...).

KITZELSCHWANZFISCHE

„Hihihihii. Hehehehe. Aiaiaiaiiaia. Jiihhaaaa." Mach dich bereit, solches Gelächter zu hören, wenn du mit diesen Kitzelschwanzfischen die Zehen, die Achseln, die Nase oder sonst einen Körperteil von jemand anderem berührst und kitzelst. Ich muss schon schmunzeln, wenn ich nur an das Gekitzle denke.

SO WIRD'S GEMACHT

1 Bereite die Buchseiten vor. Schneide aus einer bunten Buchseite einen Streifen ab, den du genau um den Korken wickeln kannst. Bestreiche die Rückseite der Buchseite mit Kleber und umwickle damit den Korken.

2 Fertige ein Papierauge (siehe „Weitere Basteltipps", Seite 8) an und klebe es auf. Schneide dann noch einen Schmollmund und eine Seitenflosse aus beliebig farbigem Papier aus und bringe die Papierteile an den richtigen Stellen an.

3 Suche dir zwei, drei bunte Federn aus, die gut zu deinem Fisch passen. Bitte eine erwachsene Person, zuerst etwas Heißkleber in das Loch einer Holzperle zu drücken, die Federn hineinzustecken und anschließend von außen etwas Kleber auf die Perle zu geben und auf den Korken zu drücken. Jetzt hat dein Fisch eine bunte Schwanzflosse.

DAS BRAUCHEN WIR

- Buchseiten (bunt), Papier (weiß, beliebig farbig), bunte Federn, Holzperlen, Korken
- Grundausrüstung + Heißklebepistole

TIPPS

- Eine Idee für den Kindergarten oder die Grundschule: Wer mit dem Kitzelfisch gekitzelt wird, darf sich anstellen, in den Sitzkreis kommen, sein Spielzeug/Heft wegräumen, sich etwas aussuchen etc.
- Mit den Kitzelfischen kann man zu Hause auch feine Kitzelmassagen, z.B. vor dem Einschlafen, und verschiedene Wahrnehmungsübungen machen.

FEDERKOPFSCHMUCK

Aus Buchseiten kann man auch wunderbare Federn ausschneiden und sich damit einen tollen, stylischen Kopfschmuck basteln. Egal ob für Fasching, die nächste Verkleidungsparty oder einfach so zum Spielen: Dieser Federkopfschmuck darf auf keinen Fall fehlen.

SO WIRD'S GEMACHT

1 Bereite die Buchseiten vor. Schneide aus den Buchseiten mehrere federartige Formen aus.

2 Zeichne die Federkonturen auf die ausgeschnittenen Formen auf. Dann schneidest du von der Wellpappe einen so langen Streifen herunter, dass er einmal gut um deinen Kopf herumgelegt werden kann.

3 Befestige die Papierfedern nach und nach am oberen Wellpapperand mit etwas Kleber. Mit unterschiedlich großen Buchseitenkreisen, die der Größe nach übereinandergeklebt werden, kannst du z.B. den restlichen Wellpappestreifen bunt verzieren. Lege anschließend den Wellpappestreifen um deinen Kopf und befestige ihn mit der Büroklammer.

DAS BRAUCHEN WIR

- Buchseiten (bunt, nicht bemalt), Wellpappe, Büroklammer
- Grundausrüstung

TIPPS

- Du kannst zum Verzieren des Wellpappestreifens auch bunte Buchseitenreste (z.B. Quadrate, Rechtecke, Dreiecke, Kreise ...), Holzperlen, zusammengeknüllte Papierbällchen etc. verwenden.
- Die Büroklammer bietet sich zum Fixieren des Kopfschmuckes an, da dieser so von verschiedenen Kindern (und natürlich auch Erwachsenen) getragen werden kann.
- Du kannst den Wellpappestreifen außerdem wie eine Krone zuschneiden und diese dann verzieren.

DINOFINGERPUPPEN

Dinosaurier lebten vor vielen, viiiiiielen Jahren. Aber psssst! Einige von ihnen sind durch die Zeit gereist und haben ein neues Zuhause in diesem Bastelbuch gefunden. Sie haben nämlich gehört, dass sie so möglicherweise auf Kinderfingern die Welt neu erkunden können. Was sich da wohl alles geändert hat?

SO WIRD'S GEMACHT

1 Bereite die Buchseiten vor. Schneide aus einer bunten Buchseite einen Dinokopf mit Hals aus und achte darauf, dass der Hals mindestens doppelt so dick ist wie deine Finger. Schneide außerdem einige bunte Dreiecke als „Dinozacken" aus. Schneide/stanze aus dem weißen Papier einen Kreis für das Auge aus und klebe ihn auf den Dinokopf.

2 Vervollständige das Auge mit einer Pupille und zeichne den Mund auf den Dinokopf. Bringe die Zacken am Nacken des Dinos an. Du kannst diese auch mit noch kleineren Zacken verzieren. Den Dino selbst kannst du ebenfalls beliebig verzieren (z.B. mit kleinen farbigen Buchseitenpunkten).

3 Schneide einen Streifen von einer Buchseite ab und rolle ihn eng um den Finger, auf den die Fingerpuppe nachher gesteckt werden soll. Befestige die überlappenden Streifenteile mit Kleber aneinander. Klebe das Röllchen anschließend auf die Dinorückseite und drücke es an.

DAS BRAUCHEN WIR

- Buchseiten (bunt), Papier (weiß)
- Grundausrüstung

TIPPS

- Klebe den Dino, bevor du das Papierröllchen auf der Rückseite befestigst, auf ein Stück Karton oder Pappe, wenn die Buchseite allein zu instabil ist.
- Vielleicht hast du ja Lust, eine ganze Buchseiten-Fingerpuppenschar zu basteln? Dinos, Pferde, Vögelchen – denke an deine Lieblingstiere und bastle sie als Fingerpuppen nach.

FEENSTÄBE

Feen kommen in Büchern, Geschichten, Filmen etc. vor und haben immer etwas Magisches an sich. Wie du bestimmt weißt, haben Feen meistens einen Stab dabei, der ihnen dabei hilft, so manches kleine Wunder zu bewirken. Ob diese Feenstäbe das auch können?

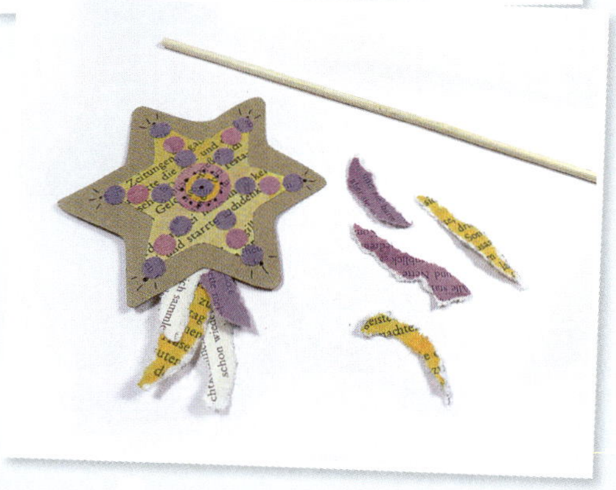

SO WIRD'S GEMACHT

1 Bereite die Buchseiten vor. Lege den größeren sternförmigen Plätzchenausstecher auf die Pappe, spure ihn mit dem Bleistift nach und schneide den Stern aus. Verwende den etwas kleineren Plätzchenausstecher und fertige damit einen Buchseitenstern an. Diesen schneidest du ebenfalls aus.

2 Klebe den kleineren auf den größeren Stern. Jetzt darfst du die beiden Sterne beliebig mit bunten Papierkreisen, kleinen gezeichneten Mustern etc. verzieren.

3 Reiße einige bunte Buchseiten in kleine Streifen und klebe sie von hinten zwischen zwei Zacken des Pappsterns. Bitte zum Schluss eine erwachsene Person, den Schaschlikspieß an der Rückseite des Sterns mit etwas Heißkleber zu befestigen.

DAS BRAUCHEN WIR

- Buchseiten (bunt), Pappe, Schaschlikspieß
- Grundausrüstung + 2 Plätzchenausstecher (sternförmig, unterschiedliche Größen), Heißklebepistole

TIPPS

- Wenn du keine sternförmigen Plätzchenausstecher hast, kannst du natürlich die Sterne auch frei zeichnen oder andere Formen (z.B. Herz, Kreis …) wählen.
- Etwas Glitter oder Glitzerpapier macht die Feenstäbe besonders zauberhaft.

STIFTEMASKOTTCHEN

Stifte, egal welche, haben wir immer wieder in der Hand. Viel lustiger wird das Malen, Zeichnen und Schreiben aber, wenn lustige Köpfchen auf den Stiftenden sind, die dich genau beobachten und kontrollieren, was du so Schönes und Aufregendes machst.

SO WIRD'S GEMACHT

1 Bereite die Buchseiten vor. Schneide aus der beigen Buchseite den Kopf für den Hund aus. Klebe ihn auf die Pappe und schneide ihn wiederum aus. Fertige auch zwei beige Buchseitenohren an.

2 Schneide/stanze aus der nicht bemalten Buchseite einen Kreis für die Schnauze aus. Bringe die Ohren und den Kreis auf dem Hundekopf an und zeichne die Schnauze fertig und die Augen auf.

3 Schneide einen kleinen Papierstreifen ab und wähle den Stift aus, der von deinem Maskottchen Gesellschaft bekommen soll. Wickle den Papierstreifen einige Male um das Stielende des Stiftes und befestige die überlappenden Streifenteile mit etwas Kleber aneinander. Bestreiche anschließend das Papierröllchen auf einer Seite mit etwas Kleber und drücke es von hinten auf das Maskottchen.

DAS BRAUCHEN WIR

- Für den Hund: Buchseiten (beige), Papier (beliebig farbig), Pappe, Stift
- Grundausrüstung

TIPPS

- Du kannst das Papierröllchen mit dem Stiftemaskottchen natürlich auch vorsichtig vom Stift abstreifen und auf einen anderen Stift mit dem gleichen Stiel stecken.
- Bastle die Maskottchen, die dir gut gefallen: Tiere, Kinder, Monsterchen, Pflanzen, Obstsorten, Gegenstände und, und, und – hier sind dir keine Grenzen gesetzt! Sei kreativ und leg los.
- Die Tierköpfe eignen sich auch hervorragend, um Fingerpuppen zu basteln. Dafür werden nicht Stifte mit Papierstreifen umwickelt, sondern deine Fingerkuppen.

BUCHECKENKERLE

Die Kerle, die du auf der rechten Seite sehen kannst, verbringen ihre Zeit am liebsten auf Buchecken ...

SO WIRD'S GEMACHT

1 Bereite die Buchseiten vor. Schneide aus einer bunten Buchseite ein Quadrat aus. Falte es zweimal (jeweils die gegenüberliegenden Seiten aufeinanderklappen), sodass du vier gleich große Quadrate erhältst. Schneide das Quadrat unten rechts aus.

2 Drehe das Quadrat um und lege es so vor dich hin, dass unten rechts die Lücke vom fehlenden Quadrat ist. Falte die Ecke des Quadrates, welches oben links ist, genau bis zur Mitte.

3 Klappe nun das Quadrat von unten hinauf. Bestreiche dieses mit Kleber und klappe dann das andere Quadrat, das danebenliegt, darüber.

4 Drehe das Lesezeichen um. Schneide/stanze aus dem rosaroten Papier einen Kreis für das Köpfchen eines „Kerls“ aus. Zeichne das Gesicht auf, klebe Buchseiten- oder Papierstückchen als Haare auf und bringe den Kopf am Lesezeichen an. Verziere das Lesezeichen beliebig mit kleinen Papierkreisen oder Ähnlichem.

DAS BRAUCHEN WIR

- Buchseiten (bunt), Papier (rosarot, beliebig farbig)
- Grundausrüstung + Geodreieck

TIPPS

- Vielleicht gefallen dir ja die Bucheckenkerle, die kein eigenes Köpfchen besitzen, sondern bei denen die Augen und eine strubbelige Frisur direkt auf das Lesezeichen geklebt wurden?
- Wenn du möchtest, kannst du bei Schritt 4 ein buntes Quadrat auf die nicht bemalte Buchseite kleben, damit das Lesezeichen farbenfroher wird.
- Quadrate lassen sich wunderbar mit Geodreiecken zeichnen. Wenn du das noch nicht gelernt hast, lässt du dir am besten von einer erwachsenen Person helfen. Natürlich können auch quadratische Formen bei euch zu Hause (z.B. Papierblöcke, Dekoartikel ...) als Schablonen verwendet werden.

HAARIGE LESEFREUNDE

Diesen drei Lesezeichen kann man regelrecht ansehen, dass sie stolz auf ihr Aussehen sind. Man kann verstehen, dass diese kunterbunte Kleidung sowie die stylischen Frisuren zufrieden und glücklich machen. Auch die Bücher sind bestimmt froh, solche schicken Lesezeichen zwischen ihren Seiten willkommen zu heißen.

SO WIRD'S GEMACHT

1 Bereite die Buchseiten vor. Schneide einen beliebig großen Pappstreifen zurecht. Bestreiche den oberen Bereich des Streifens mit Kleber und lege das rosarote Papier darüber. Schneide überstehende Papierreste ab.

2 Zeichne ein freundliches Gesichtchen auf das rosa Papier. Stanze am oberen Rand ein Loch, ziehe einige gleich lange Juteschnurstückchen durch und befestige sie.

3 Jetzt wird dem Pappstreifen noch eine hübsche Buchseitenkleidung verpasst: Überklebe ihn dafür unter dem Gesichtchen beliebig mit den Buchseiten. Am besten bestreichst du die Rückseiten der Buchseiten mit Kleber und legst sie über den Pappstreifen. Zum Schluss drehst du diesen um und schneidest am Ende überstehende Buchseitenreste ab. Verziere die Kleidung beliebig.

DAS BRAUCHEN WIR

- Buchseiten (bunt), Papier (rosarot), Pappe, Juteschnur
- Grundausrüstung

TIPPS

- Für den Streifen kannst du natürlich ebenso gut gewöhnliches Papier oder Farbkarton verwenden.
- Anstelle von Juteschnur bieten sich auch buntes Garn oder farbenfrohe Wolle an.

FARBENFROHE PAPIERPERLEN

Wenn du die Buchseiten mithilfe eines runden Stiftes aufwickelst, kannst du dir selbst diese wunderbaren Perlen basteln, mit denen du hervorragend stylische und einzigartige Ketten herstellen kannst. Vielleicht steht ja der Geburtstag von jemandem bevor, der sich über so etwas freuen könnte? Wenn ja, dann heißt es jetzt nur mehr durchstarten und deine eigenen Perlen „wickeln".

SO WIRD'S GEMACHT

1 Bereite die Buchseiten vor. Schneide aus den Buchseiten lange, dreieckige Streifen ab. Diese Streifen haben eine breite und eine viel schmälere Seite.

2 Jetzt brauchst du den Stift mit dem runden Stiel. Lege die breitere Seite des Dreieckes an den Stiel und beginne, das Dreieck eng um den Stift zu wickeln, bis nur mehr wenige Zentimeter übrig sind. Bestreiche das Ende des Streifens mit etwas Kleber, wickle es weiter um den Stiftstiel und drücke es abschließend gut fest. Streife vorsichtig die so erhaltene Papierperle vom Stift herunter und fertige weitere Perlen an.

3 Fädle die Perlen nun nach und nach auf einem Stück Juteschnur auf, bis das Ganze lang genug für ein Armband oder eine Halskette ist. Knote zum Schluss die beiden Schnurenden zusammen.

DAS BRAUCHEN WIR

- Buchseiten (bunt), Juteschnur
- Grundausrüstung + Stift mit rundem Stiel

TIPPS

- Je farbenfroher die Buchseiten, desto bunter die Papierperlen. Besonders toll werden die Perlen, wenn die Buchseiten unterschiedliche Farbbereiche (z.B. zuerst Gelb, dann Orange, dann Rot) aufweisen.
- Du kannst die Papierperlen auch gut mit bunten Holzperlen kombinieren.

DECKELGESICHTER

Mit dieser Idee kannst du alten, langweiligen Schraubgläsern neues Leben geben und ihnen einen pfiffigen Touch verleihen. Die Gläser können dann anschließend zum Verstauen von den verschiedensten Sachen oder auch als originelle Geschenkverpackungen verwendet werden. Also, ich persönlich finde die vier zuckersüß, und du?

SO WIRD'S GEMACHT

1 Bereite die Buchseiten vor. Nimm den Deckel vom Schraubglas, lege ihn auf die weiß bemalte Buchseite und zeichne den Umriss nach. Schneide den Kreis aus und klebe ihn auf den Deckel.

2 Schneide aus der roten Buchseite den Kamm für eine Henne sowie die „Hennenläppchen" und aus der gelben Buchseite den Schnabel aus. Bringe die Papierteile am weißen Buchseitenkreis an und zeichne die Augen auf.

3 Verpasse der Henne noch zwei rosa Papierbäckchen und schraube den Deckel wieder auf das Glas. Fertig!

DAS BRAUCHEN WIR

- Für die Henne: Buchseiten (weiß, rot, gelb für die Henne), Papier (hellrosa), leeres Schraubglas (oder Döschen)
- Grundausrüstung

TIPPS

- Ich mag den Effekt, wenn Buchseiten mit etwas Deckweiß/weißer Bastelfarbe überpinselt werden. Wenn du kein Deckweiß oder weiße Bastelfarbe zu Hause haben solltest, kannst du natürlich auch eine nicht bemalte Buchseite verwenden.
- Wenn du die Tierdeckel auf Schaschlikspieße klebst, erhältst du originelle Blumenstecker.

KUNTERBUNTE REGENBÖGEN

Ich glaube, dass diese Regenbogen-Bastelidee zu meinen allerliebsten in diesem Buch gehört. Sie werden so schnell und unkompliziert gebastelt und machen trotzdem einen tollen Eindruck, oder? Schnapp dir am besten jetzt deine Bastelsachen und leg los. Du wirst sehen, wie viel Spaß dieses Regenbogen-Basteln und Farbkombinieren macht.

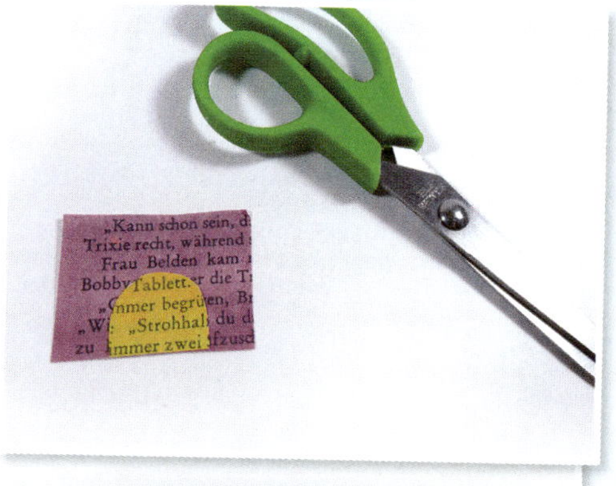

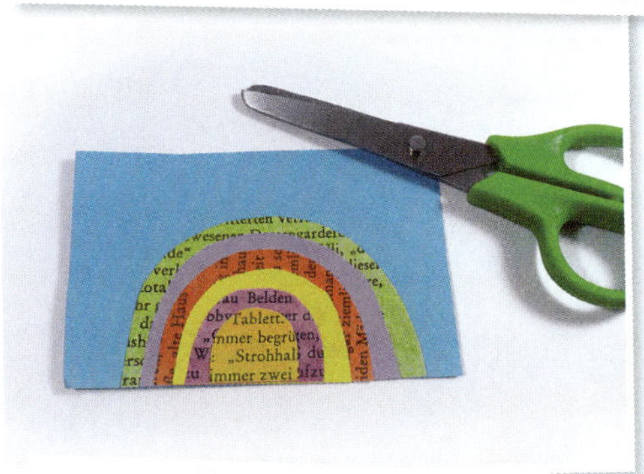

SO WIRD'S GEMACHT

1 Bereite die Buchseiten vor. Schneide aus einer bunten Buchseite einen kleinen Halbkreis aus. Dieser muss nicht perfekt sein. Klebe diesen dann wiederum auf eine andersfarbige Buchseite. Achte darauf, dass die gerade Seite vom kleinen Halbkreis genau auf der geraden Seite von der anderen Buchseite liegt. Schneide den Halbkreis aus und lasse dabei etwas Rand.

2 Mache mit den farbenfrohen Buchseiten und dem bunten Papier so weiter, bis dein Regenbogen die gewünschte Größe hat.

3 Stanze zum Schluss am oberen Rand des Regenbogens ein Loch und bringe ein Stück Juteschnur an. Fädle abschließend noch einige bunte Holzperlen auf.

DAS BRAUCHEN WIR

- Buchseiten (bunt), Papier (bunt), Juteschnur, Holzperlen
- Grundausrüstung

TIPPS

- Wenn dir die Regenbögen nur mit den Buchseiten zu unstabil sind, klebe sie noch zusätzlich auf etwas Pappe oder Karton.
- Die Regenbögen sind süße Accessoires für den Rückspiegel im Auto.
- Du kannst, wenn du an den Regenbögen nicht ein Stück Juteschnur zum Aufhängen anbringst, diese auch wunderbar verwenden, Glückwunschkarten, Geschenkanhänger, Lesezeichen und, und, und zu gestalten.

KÜHLSCHRANKTROLLE

Oh, hier tanzen ja kunterbunte Trolle über die Seite. Das hier sind ganz besondere Exemplare. Man findet sie nur in einigen Haushalten, und da immer am selben Ort, nämlich dem Kühlschrank. Ob sie da herumlungern, weil ihnen die angenehme Kühle wohltut oder weil sie es lieben, an der oft eher speziellen Kühlschrankluft zu schnuppern, ist unklar. Sicher ist nur, dass sie farbenfroh sind und eine ganze Menge gute Laune mitbringen.

SO WIRD'S GEMACHT

1 Bereite die Buchseiten vor. Schneide/stanze aus einer bunten Buchseite einen Kreis für einen Trollkopf und ein Trollkleidchen aus. Die gleichen Formen schneidest du auch aus der Pappe aus und bringst sie an der Rückseite der Buchseitenteile an, sodass diese richtig stabil werden.

2 Verpasse dem Kopf Augen, Nase, Mund, Backen, Ohren und eine bunte Buchseitenfrisur. Bringe dann den Kopf am Kleidchen an.

3 Schneide von der Juteschnur je ein Stück für die Ärmchen und die Beinchen ab. Mache an den Enden der Juteschnurstücke jeweils einen Knoten. Falte das Stückchen für die Beinchen genau in der Mitte. Bringe dann die Ärmchen und die Beinchen mit etwas Klebestreifen auf der Rückseite des Trolls an. Bitte einen Erwachsenen, mit der Heißklebepistole zum Schluss noch den Magneten am Hinterkopf des Trolls anzubringen.

DAS BRAUCHEN WIR

- Buchseiten (bunt), Pappe, Juteschnur, Magnete
- Grundausrüstung + Heißklebepistole

TIPPS

- Es müssen nicht unbedingt Trolle sein. Vielleicht hast du ja Lust, Hasen, Drachen, Bienen, Hexen, Prinzen oder sonst jemanden zu basteln, mit Magneten zu versehen und damit euren Kühlschrank zu schmücken?
- Die Trolle lassen sich auch gut als niedliche Glücksbringer verschenken oder mit etwas Juteschnur an Geschenken anbringen.

WUNDERBÄUMCHEN

Bei diesen Bäumchen, wie man schon ein bisschen erkennen kann, handelt es sich nicht um gewöhnliche Pflanzen. Sondern um kunterbunte, kleine Wunderbäumchen, die ganz viel Glück bringen.

SO WIRD'S GEMACHT

1 Bereite die Buchseiten vor. Reiße ein Stück Papier in einer beliebigen Farbe in kleine Stückchen und überklebe damit den Deckel. Nimm dann das braune Papier, schneide einen Baumstamm mit Ästen aus und klebe ihn auf den Deckel.

2 Schneide/stanze aus den bunt bemalten Buchseiten sowie dem farbigen Papier unterschiedlich große Kreise aus. Klebe sie der Größe nach aufeinander und bringe sie entlang der Äste an.

3 Nimm den schwarzen Stift und verziere die bunten Buchseiten-/Papierkreise mit kleinen Punkten.

DAS BRAUCHEN WIR

- Buchseiten (bunt), Papier (braun, bunt), Deckel (z.B. von einem Honigglas)
- Grundausrüstung

TIPPS

- Du kannst einen Erwachsenen bitten, mit etwas Heißkleber ein Stück Juteschnur zum Aufhängen anzubringen.
- Wenn du an der unteren Seite des Deckels einige Fäden und Federn anbringst, wird es eine Art Traumfänger.

WIESENBLUMEN

Ich liebe es, im Frühling und im Sommer in der Natur spazieren zu gehen und all die wunderschönen Blumen zu beobachten. Solche besonderen, kunterbunten Exemplare habe ich dort aber noch nie gesehen. Schön, dass es sie hier im Bastelbuch und vielleicht auch bald bei dir zu Hause gibt.

SO WIRD'S GEMACHT

1 Bereite die Buchseiten vor. Schneide/stanze aus einem Papier deiner Wahl einen Kreis als „Blütenkopf" aus. Klebe ihn auf einen gleich großen Kreis aus Pappe, sodass er stabiler wird. Aus der Pappe schneidest du ebenfalls den Stängel für eine Blume aus.

2 Zeichne ein freundliches Gesicht auf den Blütenkopf. Schneide/stanze dann aus den Buchseiten Kreise in zwei unterschiedlichen Größen und Farben für die Blütenblätter aus. Klebe die kleineren auf die größeren Kreise und klebe sie von hinten auf den Blütenkopf.

3 Verpasse dem Stängel zwei bunte Buchseitenblätter und bringe ihn am Blütenkopf an. Nun kannst du deine Blume noch beliebig verzieren: Ich habe z.B. den Stängel mit einigen Punkten versehen und orangefarbene Backen mit Sommersprossen aufgeklebt.

DAS BRAUCHEN WIR

- Buchseiten (bunt), Papier (beliebig farbig), Pappe
- Grundausrüstung

TIPPS

- Bastle doch eine ganze Wiese und bringe sie an der Wand oder einem Fenster als hübsche Dekoration an.
- Mit diesen farbenfrohen Wiesenblumen lassen sich wunderbar Geschenke, Glückwunschkarten etc. verzieren.

GLÜCKSBÜBCHEN

Glück kann jeder Mensch, egal ob klein oder groß, jung oder alt, dick oder dünn, gebrauchen. Als kleinen Glücksbringer kann man wunderbar eines dieser Bübchen verschenken und jemandem eine Freude bereiten.

SO WIRD'S GEMACHT

1 Bereite die Buchseiten vor. Schneide/stanze aus den Buchseiten zwei gleich große Kreise aus und schneide ein Dreieck für einen Hut aus. Aus dem rosaroten Papier schneidest/stanzt du einen Kreis für den Kopf eines Bübchens aus. Am besten klebst du den Hut, den Kopf sowie einen der Buchseitenkreise auf Pappe, sodass sie schön stabil sind.

2 Reiße ein beliebiges Papier in kleine Stückchen und bringe sie als Haare am Bübchenkopf an. Zeichne ein Gesicht auf und klebe den Hut auf den Kopf. Nimm den Buchseitenkreis, den du nicht auf Pappe geklebt hast, und reiße ihn ungefähr in der Mitte auseinander. Klebe den so erhaltenen Halbkreis auf den anderen Papp-Buchseitenkreis. Stanze am oberen Rand des Kreises ein Loch.

3 Fädle ein Stück Juteschnur durch das Loch und befestige daran mit etwas Klebestreifen den Kopf. Fertig ist das Glücksbübchen!

DAS BRAUCHEN WIR

- Buchseiten (bunt), Papier (rosarot, beliebig farbig), Pappe, Juteschnur
- Grundausrüstung

TIPPS

- Verziere die Bäuche deiner Glücksbübchen ganz beliebig mit kleinen Papierformen, Zeichnungen, aber auch Materialien wie Knöpfen, Wollstücken etc. Nimm das her, was du bei dir zu Hause findest und dir gefällt!
- Für die Haare kannst du ebenso gut Garn, Juteschnur oder Wollreste verwenden.

SCHILDKRÖTEN

Diese Schildkröten hier haben ganz seltene, ausgefallene Panzermuster! Und weil sie trotzdem im Handumdrehen gemacht sind, hast du vielleicht ja Lust, gleich loszulegen und deine eigene Schildkröte zu basteln und ihr einen tollen, kunterbunten Panzer zu verpassen?

SO WIRD'S GEMACHT

1 Bereite die Buchseiten vor. Schneide aus der Pappe einen Kreis für den Panzer, den Kopf, vier Beinchen sowie ein Dreieck für den Schwanz aus.

2 Bringe Kopf, Beinchen und Schwanz von unten am Panzer an. Reiße eine bunte Buchseite in kleine Stückchen und überklebe damit kreuz und quer den Panzer.

3 Zeichne zum Schluss noch die Zehen der Schildkröte sowie ein freundliches Gesichtchen auf.

DAS BRAUCHEN WIR

- Buchseiten (bunt), Pappe
- Grundausrüstung

TIPPS

- Du kannst die Schildkröten als niedliche Glücksbringer verwenden, aber damit ebenso gut Geschenkanhänger, Glückwunschkarten etc. verzieren.
- Gestalte doch mit Wasserfarbe eine Unterwasserwelt und lasse die bunten Schildkröten fröhlich durch dein Bild schwimmen! Auch Fische, Quallen, Krabben, Wasserpflanzen, Muscheln und noch viel mehr kannst du wunderbar mit Buchseiten basteln.

ENGELCHEN

Diese Engelchen sind einfach und schnell gebastelt und sind zuckersüß, oder? Sie können hervorragend als treue Schutzengelchen verschenkt oder an den Weihnachtsbaum gehängt werden oder selbst verpackten Geschenken das gewisse Etwas geben.

SO WIRD'S GEMACHT

1 Bereite die Buchseiten vor. Schneide/stanze aus einer bunten Buchseite einen Kreis aus. Aus dem rosaroten Papier schneidest/stanzt du einen kleineren Kreis für den Kopf aus. Zeichne ein freundliches Gesichtchen auf den Kopf. Reiße das Papier für die Haare in kleine Stückchen und klebe sie auf. Mit einem roten Buntstift malst du Backen auf.

2 Falte den bunten Buchseitenkreis einmal genau in der Mitte, sodass du einen Halbkreis erhältst. Lege ihn mit der geraden Seite oben vor dich hin. Falte nun die rechte sowie die linke Seite etwas nach unten, sodass du ein Kleidchen wie auf dem Foto erhältst. Das Kleidchen kannst du mit etwas Kleber befestigen.

3 Bringe den Kopf am Kleidchen an. Aus der hellblauen Buchseite schneidest du zwei Flügelchen aus und bringst sie von hinten am Engelchen an.

DAS BRAUCHEN WIR

- Buchseiten (bunt, hellblau), Papier (rosarot, beliebig farbig für die Haare)
- Grundausrüstung

TIPPS

- Wenn du möchtest, kannst du jeweils ein Stück Faden an mehreren Engelchen anbringen und sie dann z.B. als Weihnachtsbaumschmuck oder Schutzengelchen für den Rückspiegel im Auto verwenden.
- Mit den Engelchen kannst du auch gut Geschenke, Briefkuverts, Lesezeichen etc. hübsch verzieren.

GRUNZESCHWEINCHEN

„Oink, oink, oiiiiiiink!“ Hast du die vier Schweinchen auch gerade grunzen gehört? Oje, das kann ja was werden, mit einem solchen grunzenden Glücksschweinchen in der Hosentasche ...

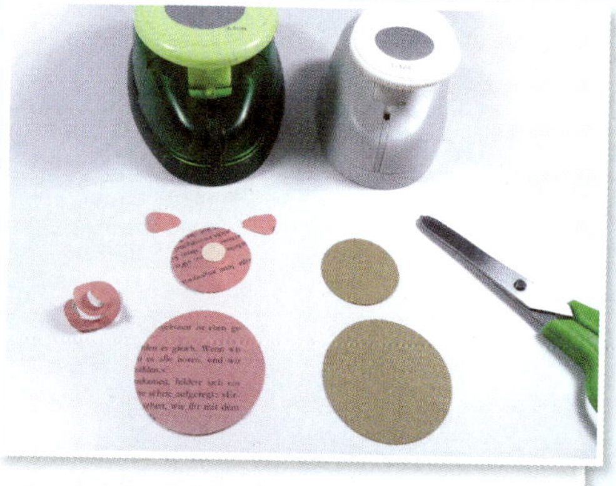

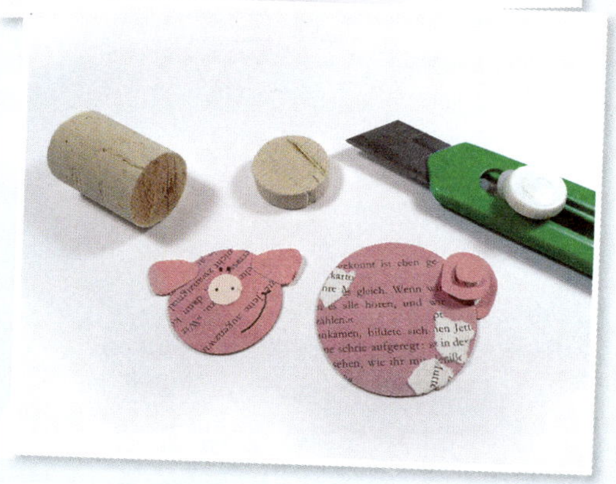

SO WIRD'S GEMACHT

1 Bereite die Buchseiten vor. Schneide/stanze aus der Pappe und der rosaroten/braunen Buchseite einen Kreis für den Kopf sowie einen etwas größeren Kreis für den Körper eines Schweinchens aus. Zudem schneidest du aus der Pappe und der Buchseite zwei Ohren sowie ein Schwänzchen aus. Klebe alle Buchseitenteile zusätzlich auf Pappe, damit sie schön stabil sind. Aus dem rosaroten Papier schneidest/stanzt du noch einen Kreis für die Nase aus.

2 Klebe Ohren und Nase vorne und das Schwänzchen von hinten an die entsprechenden Stellen der beiden Kreise. Zeichne dem Schweinchen die Augen, die Nasenlöcher und den Mund auf. Reiße die nicht bemalte Buchseite in kleine Stückchen und klebe sie als Flecken auf das Schweinchen.

3 Bitte eine erwachsene Person, mit einem Furniermesser vorsichtig eine dünne Scheibe vom Korken herunterzuschneiden. Auf die Scheibe klebst du nun den Kopf und diesen anschließend auf den restlichen Körper, d.h. den großen Kreis.

DAS BRAUCHEN WIR

- Buchseite (rosarot und/oder braun, nicht bemalt), Papier (rosarot), Pappe, Korken
- Grundausrüstung + Furniermesser

TIPP

- Meine Mama hat früher immer für Silvester Glücksbringer für uns alle organisiert. Das war eine wunderschöne Tradition. Vielleicht hast du ja auch Lust, heuer für deine Familie und Freunde diese süßen Grunzer zu basteln, die allen im neuen Jahr ganz viel Glück bringen sollen? Beim gemeinsamen Silvesteressen machen sie sich gut als Tischdeko und dürfen dann von den Gästen mit nach Hause genommen werden.

DAS KUNTERBUNTE KAPITEL DER ZIG MÖGLICHKEITEN

Ooooh, ooooh, ooooh! Jetzt bist du bei meinem Lieblingskapitel angekommen. Wie ich bereits ganz vorne beim Vorwort geschrieben habe, zeige ich dir hier, wie du schnell und unkompliziert auf verschiedenste Art und Weise Glückwunschkarten, Geschenkanhänger, Geschenkboxen, Geschenkpapier und -tüten, Gutscheine, Hefteinbände, Lesezeichen, Notizbüchlein, Briefpapier und -umschläge, Bilderrahmen, Wanddekoration und, und, und verzieren kannst. Chamäleons, Vögelchen, Schiffchen, Blumen, Bären, Kirschen, Tausendfüßler, Käfer und vieles mehr, hier müsste wirklich für jeden etwas dabei sein! Einfach auf das jeweils gewünschte der oben genannten Objekte kleben, und schon ist es individuell verziert. Viel Spaß und gutes, kunterbuntes Gelingen!

Opa

Einladung

2022/2023
GGN-Heft
Jonas N.

VÖGELCHEN

DAS BRAUCHEN WIR

- Buchseiten (bunt, nicht bemalt), Papier (gelb, orange, rot)
- Grundausrüstung

SO WIRD'S GEMACHT

1 Bereite die Buchseiten vor. Schneide aus den Buchseiten verschiedene Halbkreise für den Körper der Vögel und federartige Formen aus, auf welche du die typische Federmusterung aufzeichnest. Klebe die Halbkreise auf das gewünschte zu verzierende Objekt. Bringe auf einer Seite der Halbkreise einige Papierfedern als Schwanzfedern an.

2 Schneide dann für jeden Vogel einen dreieckigen Papierschnabel sowie ein Flügelchen aus Buchseiten aus und klebe sie an den entsprechenden Stellen auf. Mit dem schwarzen Stift zeichnest du noch die Augen sowie die Füßchen auf.

GESCHENKE

DAS BRAUCHEN WIR

- Buchseiten (bunt)
- Grundausrüstung

SO WIRD'S GEMACHT

1 Bereite die Buchseiten vor. Schneide aus den Buchseiten unterschiedliche Vierecke als verpackte Geschenke aus und klebe sie kreuz und quer auf das gewünschte zu verzierende Objekt.

2 Zeichne mit dem schwarzen Stift Schleifen auf die Geschenke. Wenn du oben neben die Schleifen einige Pünktchen machst, strahlen die Geschenke besonders.

TAUSENDFÜßLER

DAS BRAUCHEN WIR

- Buchseiten (bunt)
- Grundausrüstung

SO WIRD'S GEMACHT

1 Bereite die Buchseiten vor. Schneide/stanze aus den Buchseiten mehrere Kreise in den gleichen Größen aus und klebe sie in zusammenhängenden Reihen, kreuz und quer, auf das gewünschte zu verzierende Objekt. Du kannst natürlich auch richtig farbenfrohe Tausendfüßler machen, die aus vielen verschiedenfarbigen Kreisen bestehen.

2 Zeichne mit dem schwarzen Stift den Tausendfüßlern freundliche Gesichtchen mit Fühlern und die Beinchen auf.

HÄUSCHEN

DAS BRAUCHEN WIR

- Buchseiten (bunt)
- Grundausrüstung

SO WIRD'S GEMACHT

1 Bereite die Buchseiten vor. Schneide aus den Buchseiten unterschiedlich große Dreiecke und Vierecke aus und klebe sie wie auf dem Foto kreuz und quer als Häuschen auf das gewünschte zu verzierende Objekt. Natürlich kannst du sie auch schön nebeneinander anordnen und so, Schritt für Schritt, eine tolle Stadtfassade kreieren.

2 Fertige nun kleine Fenster (rund oder eckig), Türen und Schornsteine aus den Buchseiten an und klebe sie auf bzw. an die Häuschen.

SCHIFFCHEN

DAS BRAUCHEN WIR

- Buchseiten (braun, bunt)
- Grundausrüstung

SO WIRD'S GEMACHT

1 Bereite die Buchseiten vor. Schneide/stanze aus der braunen Buchseite mehrere Kreise aus, die du anschließend in der Mitte auseinanderschneidest. Klebe die so erhaltenen Halbkreise auf das gewünschte zu verzierende Objekt. Zeichne mit dem schwarzen Stift die Schiffsbretter mit Nägeln auf den Seiten sowie die Masten auf die Halbkreise/Schiffchen.

2 Schneide aus den Buchseiten Dreiecke aus, welche du bei jedem Schiffchen rechts und links vom Mast festklebst. Je bunter, desto besser.

FISCHE

DAS BRAUCHEN WIR

- Buchseiten (bunt, blau), Papier (weiß)
- Grundausrüstung

SO WIRD'S GEMACHT

1 Bereite die Buchseiten vor. Schneide aus den Buchseiten die Fischkörper sowie die Flossen (Seiten- und Schwanzflossen) aus und klebe sie auf das gewünschte zu verzierende Objekt.

2 Fertige für alle Fische kleine Papieraugen (siehe „Weitere Basteltipps", Seite 8) an und klebe sie auf. Dann fertigst du aus bunten Buchseiten einen Schmollmund und eine farbenfrohe Backe für jeden Fisch an, zeichnest den Backen einige Pünktchen auf und bringst alles jeweils am Fischkörper an. Schneide/stanze aus blauen Buchseiten kleine Kreise in unterschiedlichen Größen aus und klebe sie als Luftblasen auf.

FLUGDRACHEN

DAS BRAUCHEN WIR

- Buchseiten (bunt), Papier (weiß)
- Grundausrüstung

SO WIRD'S GEMACHT

1 Bereite die Buchseiten vor. Schneide aus diesen verschieden große Rauten und kleine Dreiecke aus. Klebe die Rauten kreuz und quer auf das gewünschte zu verzierende Objekt. Dann klebst du bei den Rautenecken rechts, links und oben ein Dreieck auf.

2 Fertige Papieraugen (siehe „Weitere Basteltipps", Seite 8) an und klebe sie auf die Drachenrauten. Jedem Drachen zeichnest du nun einen Mund und Augenbrauen auf. Schneide/stanze aus Buchseiten kleine Kreise aus und bringe jeweils einen als Nase an. Zeichne jedem Drachen unten eine wellige Schnur mit einigen Schleifen dran. Ich habe dafür immer eine liegende Ziffer Acht entlang der Schnur aufgezeichnet.

KINDLEIN

DAS BRAUCHEN WIR

- Buchseiten (bunt), Papier (rosarot)
- Grundausrüstung

SO WIRD'S GEMACHT

1 Bereite die Buchseiten vor. Schneide aus den Buchseiten verschiedene Kleidungsstücke (Hosen, Leibchen, Kleidchen) aus. Schneide/stanze aus dem rosaroten Papier Kreise für die Köpfchen aus, ordne die Papierteile richtig an und klebe sie auf das gewünschte zu verzierende Objekt. Die Kinder können in einer Reihe stehend oder auch kreuz und quer angeordnet werden.

2 Verpasse nun mit dem schwarzen Stift den Kindern freundliche Gesichtchen, Haare, Ärmchen und Beinchen.

HERZEN

DAS BRAUCHEN WIR

- Buchseiten (bunt)
- Grundausrüstung

SO WIRD'S GEMACHT

1 Bereite die Buchseiten vor. Schneide aus den Buchseiten verschieden große Vierecke aus und falte sie genau in der Mitte.

2 Setze nun die Schere an der Faltkante an und schneide ein halbes Herz aus. Öffne dann das halbe Herz und du wirst sehen, dass du ein schönes, gleichmäßiges, komplettes Herz erhalten hast. Stelle mehrere Herzen auf diese Art und Weise her. Natürlich kannst du dafür auch einen Motivstanzer verwenden. Klebe zum Schluss alle Herzen kreuz und quer auf das gewünschte zu verzierende Objekt.

SCHNECKEN

DAS BRAUCHEN WIR

- Buchseiten (braun, bunt)
- Grundausrüstung

SO WIRD'S GEMACHT

1 Bereite die Buchseiten vor. Reiße aus den braunen Buchseiten mehrere Schneckenkörper und aus den bunten Buchseiten Schneckenhäuser zurecht und klebe sie, kreuz und quer oder in einer Linie, auf das gewünschte zu verzierende Objekt. Zeichne auf die Schneckenhäuser die typische Spiralform sowie auf die Körper an den entsprechenden Stellen Fühler auf.

2 Natürlich kannst du die Schneckenkörper und Schneckenhäuser auch mit einer Schere ausschneiden und den Schnecken sympathische Gesichtchen aufzeichnen.

KIRSCHEN

DAS BRAUCHEN WIR

- Buchseiten (rot, grün)
- Grundausrüstung

SO WIRD'S GEMACHT

1 Bereite die Buchseiten vor. Schneide/stanze aus roten Buchseiten mehrere Kreise aus. Aus grünen Buchseiten schneidest du die Blätter aus. Klebe nun immer zwei rote Kreise nebeneinander auf das gewünschte zu verzierende Objekt, verbinde sie mit einem gezeichneten Ästchen und bringe pro Kirschenpaar ein grünes Buchseitenblatt an.

2 Verpasse den Kirschen mit dem schwarzen Stift freundliche Gesichtchen. Male mit dem roten Buntstift zum Schluss noch runde Backen auf.

MONSTERCHEN

DAS BRAUCHEN WIR

- Buchseiten (bunt), Papier (weiß)
- Grundausrüstung

SO WIRD'S GEMACHT

1 Bereite die Buchseiten vor. Reiße aus den Buchseiten verschiedene Formen für die Monsterkörper zurecht und klebe sie auf das gewünschte zu verzierende Objekt. Fertige mehrere Papieraugen (siehe „Weitere Basteltipps", Seite 8) an und bringe sie ebenfalls an.

2 Zeichne mit dem schwarzen Stift den Monsterchen eine strubbelige Frisur, einen Mund, Ärmchen und Beinchen auf. Schneide aus dem weißen Papier einige Dreiecke für die Zähne aus und bringe sie an. Verpasse den Monsterchen noch kunterbunte, runde Backen aus ausgeschnittenen/ausgestanzten Buchseitenkreisen, vielleicht mit Pünktchen oder Spiralen verziert.

BÄREN

DAS BRAUCHEN WIR

- Buchseiten (braun, nicht bemalt)
- Grundausrüstung

SO WIRD'S GEMACHT

1 Bereite die Buchseiten vor. Schneide/stanze aus den braunen Buchseiten Kreise für die Bärenköpfe und etwas kleinere Kreise für die Bärenohren aus. Klebe sie wie auf dem Foto auf das gewünschte zu verzierende Objekt.

2 Schneide/stanze aus der nicht angemalten Buchseite (am besten vom Rand) Kreise für die Bärenschnauzen aus. Klebe diese auf die Bärenköpfe und zeichne die Nasen, die Schnauzen und die Augen auf. In die Ohren zeichnest du zum Schluss noch kleine Haarbüschel.

WÜRMER

DAS BRAUCHEN WIR

- Buchseiten (bunt), Papier (weiß)
- Grundausrüstung

SO WIRD'S GEMACHT

1 Bereite die Buchseiten vor. Schneide aus den Buchseiten verschieden große Würmer aus und klebe sie kreuz und quer auf das gewünschte zu verzierende Objekt.

2 Fertige kleine Papieraugen an (am besten mit einem Lochstanzer, siehe „Weitere Basteltipps", Seite 8) und bringe sie an. Zeichne jedem Wurm einen Mund auf. Jeder Wurm bekommt jetzt noch mehrere schwarze Streifen aufgemalt, die du mit Buntstiften nochmals nachfahren kannst.

SCHMETTERLINGE

DAS BRAUCHEN WIR

- Buchseiten (bunt)
- Grundausrüstung

SO WIRD'S GEMACHT

1 Bereite die Buchseiten vor. Schneide aus den Buchseiten verschieden große Vierecke aus, die du anschließend so auseinanderschneidest, dass du zwei ungefähr gleich große Dreiecke erhältst. Ordne diese Dreiecke wie Flügel an und klebe sie auf das gewünschte zu verzierende Objekt.

2 Mit dem schwarzen Stift zeichnest du dann noch die Schmetterlingskörper sowie die Fühler auf.

ÄPFEL

DAS BRAUCHEN WIR

- Buchseiten (rot, grün)
- Grundausrüstung

SO WIRD'S GEMACHT

1 Bereite die Buchseiten vor. Schneide aus roten Buchseiten verschieden große Äpfel aus und klebe sie auf das gewünschte zu verzierende Objekt.

2 Fertige aus grünen Buchseiten Apfelbaumblätter an. Verpasse mit einem schwarzen oder braunen Stift den Äpfeln jeweils ein kleines Strunkende und oben einen Stängel, an den du jeweils noch ein Buchseitenblatt klebst.

KÄFER

DAS BRAUCHEN WIR

- Buchseiten (bunt)
- Grundausrüstung

SO WIRD'S GEMACHT

1 Bereite die Buchseiten vor. Schneide/stanze aus den Buchseiten unterschiedlich große Kreise aus, ordne sie der Größe nach an und klebe sie auf das gewünschte zu verzierende Objekt.

2 Aus jedem Kreis wird jetzt ein Käfer gemacht: Zeichne dafür mit dem schwarzen Stift jedem Käfer ein Köpfchen mit Fühlern und sechs Beinchen (jeweils drei pro Seite) auf. Mit kleinen Verzierungen aus bunten Buchseitenkreisen und aufgemalten Pünktchen werden die Käferkörper zum Schluss noch schön gestaltet.

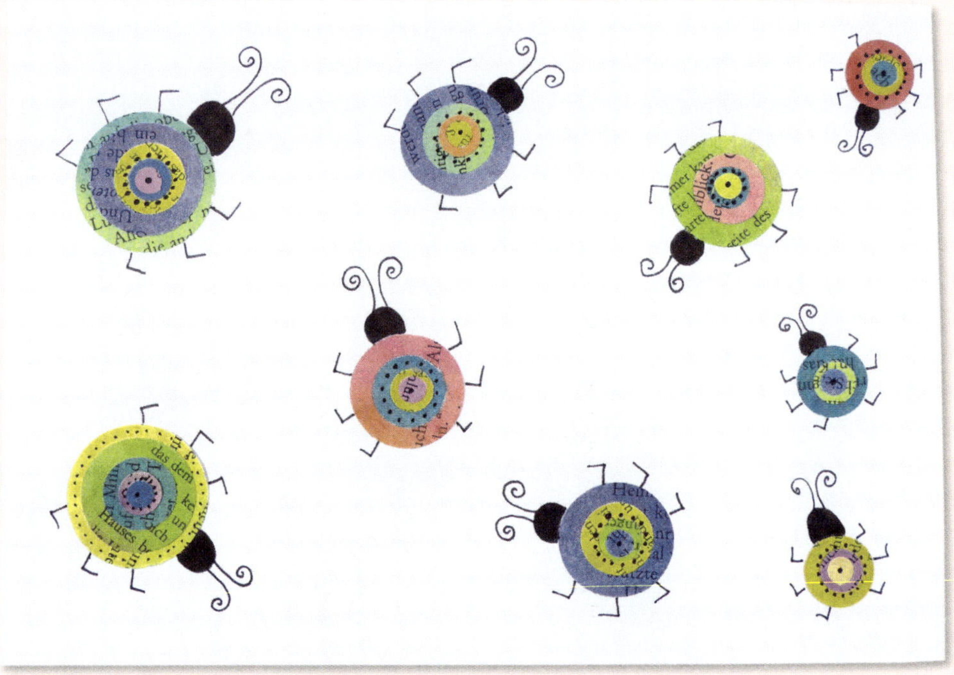

CHAMÄLEONS

DAS BRAUCHEN WIR

- Buchseiten (bunt), Papier (weiß)
- Grundausrüstung

SO WIRD'S GEMACHT

1 Bereite die Buchseiten vor. Schneide/stanze aus den Buchseiten mehrere Kreise aus. Schneide alle Kreise genau in der Mitte auseinander. Eine der beiden Kreishälften schneidest du nochmals in der Mitte auseinander.

2 Klebe die Halbkreise auf das gewünschte zu verzierende Objekt. Das sind die Körper der Chamäleons. Eine der Halbkreis-Hälften rundest du etwas ab, sodass der Kopf für das Chamäleon entsteht. Klebe ihn nun auf. Fertige ein Papierauge (siehe „Weitere Basteltipps", Seite 8) an und klebe es auf den Kopf. Zeichne dann den Mund sowie eine aufgerollte Zunge auf. Aus dem anderen Buchseitenviertel schneidest du den spiralförmigen Schwanz aus und bringst ihn an. Die Füßchen schneidest du aus einem Buchseitenrest aus und klebst sie zum Schluss auf.

BÄUME

DAS BRAUCHEN WIR

- Buchseiten (braun, grün)
- Grundausrüstung

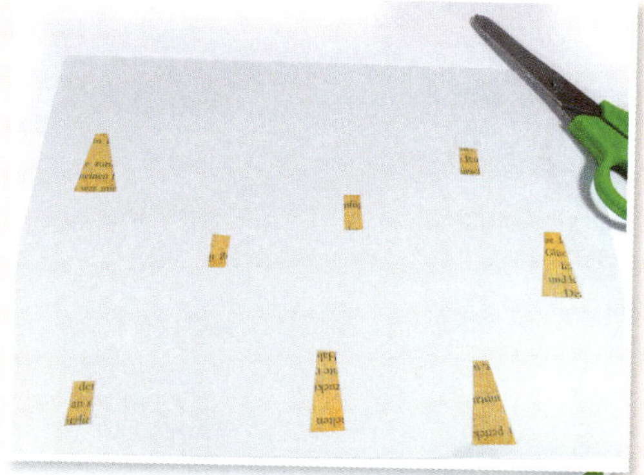

SO WIRD'S GEMACHT

1 Bereite die Buchseiten vor. Schneide aus den braunen Buchseiten kleine Stämme für die Bäumchen aus und klebe sie auf das gewünschte zu verzierende Objekt.

2 Aus der grünen Buchseite schneidest du für Nadelbäume Dreiecke und für Laubbäume Wölkchen als Kronen aus. Klebe die Baumkronen auf die Stämme auf und male ihnen Verzierungen wie Pünktchen oder kleine Rundungen auf.

BLUMEN

DAS BRAUCHEN WIR

- Buchseiten (bunt)
- Grundausrüstung

SO WIRD'S GEMACHT

1 Bereite die Buchseiten vor. Schneide/stanze aus den Buchseiten Kreise in verschiedensten Größen aus und klebe diese als Blumen auf das gewünschte zu verzierende Objekt. Bei den Blüten kann es sich um gewöhnliche oder ganz ausgefallene Exemplare handeln. Deiner Fantasie sind keine Grenzen gesetzt.

2 Verpasse den Blüten zum Schluss noch mit dem schwarzen Stift besondere Stängel und Blätter.

DANK

Danke, lieber Christophorus Verlag, für die tolle Zusammenarbeit und das Vertrauen. Danke besonders dir, liebe Svenja, dass ich mit dir als Produktmanagerin immer so gut zusammenarbeiten kann und wir gemeinsam Tolles schaffen.
Ein großes Dankeschön geht wie immer an meine Familie, die mich bei allem unterstützt und mir mit wertvollen Tipps und Rückmeldungen stets zur Seite steht.
Als der Großteil dieses Bastelbuches entstand, war ich kugelrund und habe die letzten Wochen sehnlichst auf die Geburt unseres kleinen Schatzes gewartet. Die langen Tage des Wartens wurden durch das Basteln, Fotografieren und Schreiben etwas kürzer. Dieses Buch widme ich dir, mein Kleiner.
Danke von Herzen an alle, die meine Ideen mögen und sich von mir inspirieren lassen.

ÜBER DIE AUTORIN

Judith Watschinger wurde 1995 in Südtirol geboren. Seit ihrer Kindheit liebt sie es, Sport zu machen, in der Natur zu sein, zu basteln und ihrer Fantasie freien Lauf zu lassen. Seitdem sie 16 Jahre alt ist, hat sie unterschiedliche Erfahrungen mit Kindern an verschiedenen Orten der Welt gesammelt. Besonders gefiel ihr dabei das Kreativsein zusammen mit den Kindern. 2019 schloss Judith ihre universitäre Ausbildung (Bildungswissenschaften für den Primarbereich) ab und ist seitdem als sehr begeisterte Grundschullehrerin tätig.

Ebenfalls erhältlich ...

ISBN 978-3-8411-0271-3

ISBN 978-3-8411-0277-5

ISBN 978-3-8411-0244-7

ISBN 978-3-8411-0224-9

IMPRESSUM

Autorin: Judith Watschinger
Fotografie: Judith Watschinger
Produktmanagement: Svenja Wiglinghaus
Lektorat: Constanze Lüdicke
Korrektorat: Judith Bingel
Umschlaggestaltung: Regina Degenkolbe
Layout: Elke Mader
Repro: LUDWIG:media
Herstellung: Julia Hegele
Printed in in Poland by CGS Printing

★★★★★

Sind Sie mit diesem Titel zufrieden? Dann würden wir uns über Ihre Weiterempfehlung freuen. Erzählen Sie es im Freundeskreis, berichten Sie Ihrem Buchhändler oder bewerten Sie beim Onlinekauf. Und wenn Sie Kritik, Korrekturen oder Aktualisierungen haben, freuen wir uns über Ihre Nachricht an
Christian Verlag, Postfach 40 02 09,
80702 München oder per E-Mail an
lektorat@verlagshaus.de.

Unser komplettes Programm finden Sie unter

www.christophorus-verlag.de

Nachhaltigkeit ist uns wichtig! Mit diesem Buch unterstützen Sie eine ökologische Produktion. Wir verwenden FSC-zertifizierte Papiere, drucken mit mineralölfreien Druckfarben, verzichten auf das Einschweißen in Plastikfolie und achten auf kurze Transportwege.

Einfach nachhaltig

FSC www.fsc.org MIX Papier | Fördert gute Waldnutzung FSC® C111616

Die Deutsche Nationalbibliothek verzeichnet diese Publikation in der Deutschen Nationalbibliografie; detaillierte bibliografische Daten sind im Internet über https://dnb.d-nb.de abrufbar.

Infanteriestraße 11a
80797 München

ISBN 978-3841103055

Kreativ-Service

Sie haben Fragen zu unseren Büchern und Materialien? Wir beraten Sie gern rund um alle Kreativthemen. Rufen Sie uns einfach an. Wir interessieren uns auch für Ihre eigenen Ideen und Anregungen. Sie erreichen uns per E-Mail: **kreativ-service@c-verlag.de** oder unter der Tel.: **+49 (0)89-1306 99 577**.

Besuchen Sie uns im Internet: www.christophorus-verlag.de & www.selbstgemacht.de